U0562463

福利经济学

以幸福为导向的经济学

WELFARE ECONOMICS

An Introduction to Wellbeing-oriented Economics

高启杰 等 编著

社会科学文献出版社
SOCIAL SCIENCES ACADEMIC PRESS (CHINA)

前　　言

福利经济学自产生以来，几经周折，其学术价值及对现实生活的指导意义已越来越被人们所认识。人类社会经济发展到现阶段，收入和幸福悖论仍然是一个普世难题，尽管经济日益发达，技术日新月异，收入不断增加，生活越来越便利，然而人们的幸福感不但未明显提升，反而在不断降低。在我国改革开放与发展市场经济过程中，出现的道德危机、企业社会责任感不强、政府运行效率不高、贪污腐败及贫富悬殊等问题，已经成为现实生活中的热点问题，同时也是未来中国发展和国民幸福的重要制约因素。因此，有必要加强福利经济学基础知识的普及和相关问题的学术研究。为此，2005 年我开始在中国农业大学开设福利经济学课程，在教学及科研中，深感这方面教材和专著极少，学生学习存在诸多不便，这也是本人编写此书的主要动因。我认为，福利经济学发展到今天，已成为连接经济学和幸福的桥梁，现代福利经济学应当是以幸福为导向的经济学。

本书是作者在授课讲义的基础上编写而成，由于科研及教学工作甚多，书稿一直拖到最近才得以完成。中国农业大学对此书编写予以立项，促成了该书的正式出版。在本书文字整理、校对以及部分资料的补充和完善过程中，得到了研究生姚云浩和刘洋的协助。2011 年，我在美国宾夕法尼亚州立大学做访问学者期间，与该校经济学教师 Jaime A. Brown 和 Dave Brown 博士的交流也对此书的写作有诸多启发。在本书编写过程中，参考了他人的许多研究成果，在此，对所有为本书出版提供帮助的人员以及所有参考文献的作者表示衷心的感谢。

本书不是为经济学专业学者而写，因此，力求简明扼要、通俗易懂。在介绍和评价西方福利经济学基本内容时，尽量忠实于原意，同时避免使用复杂的图表、公式与数学模型。对此领域感兴趣的读者，可进一步参阅书中所列的参考文献。但愿通过对本书的阅读，读者不但能够掌握现代福利经济学的基本理论，而且能够进一步体会经济学的真谛，并发现自己的幸福之路。

限于水平和时间，书中不足之处在所难免，敬请读者指正。

高启杰

2012 年春于北京

内容提要

本书全面、系统地阐述了福利经济学的基本理论。主要内容包括福利与发展的关系，福利经济学的产生与发展，福利变化的评价标准，市场均衡与政府干预，垄断、外部效应、公共物品、信息不对称等与社会福利的关系，公共选择理论及其在有关制度改革与政策制定中的运用等。

本书视角新颖，内容全面，简明扼要，通俗易懂。在介绍和评价西方福利经济学基本内容时，忠实于原意，同时避免使用复杂的图表、公式与数学模型。

本书可用作经济和管理类相关专业学生的教材或参考书，也可供从事相关领域特别是发展研究、公共管理、社会保障等方面的科研、教学、管理与决策人员参考。

Welfare Economics:

An Introduction to Wellbeing-oriented Economics

Welfare Economics: An Introduction to Wellbeing-oriented Economics, authored by Professor Qijie Gao, China Agricultural University, is focused on the theory of modern welfare economics. In this book, the basic concept and theoretical framework of wellbeing-oriented economics are put forward and the relevant principles of welfare economics are systematically explained.

This volume's nine chapters are organized into four parts.

Part Ⅰ is the general introduction, including the first three chapters. This part is mainly focused on the basic theories of modern welfare economics, including the definition and characteristics of welfare and welfare economics, the Pareto criterion and other social welfare criteria, the desirability of market equilibrium, market failure and government intervention, etc.

Part Ⅱ, which covers chapters 4 through 7, puts particular emphasis on the relationships between welfare and monopoly, externalities, public goods and asymmetric information in economic reality. The principal mechanisms through which these factors influence welfare are studied, and the policy, measures to deal with these market failures are summarized respectively.

Part Ⅲ, namely chapter 8, systematically explains the theory of public choice with emphasis on voting and democracy. Different practices of public choice are analyzed with implications for future reform of the political system in China.

Part Ⅳ, the last chapter, carefully reviews the development of practices and changes in approaches to social welfare in terms of subjective wellbeing. Suggestions for development of a wellbeing-oriented welfare economics and improvement of human happiness are proposed.

This book should be very useful in both guiding the development of practices and promoting theoretical breakthrough in welfare economics. It should also be a valuable reference for people who are engaged in the study of economics and management, and professionals in related administrative and decision-making disciplines. And it will also be a very valuable reference textbook for both undergraduate and graduate students in related fields.

目　　录

第一章　导论

第一节　人类社会发展目标

一　人类社会发展目标的历史演进

人类社会发展目标是随着经济和社会发展而不断变化的，在历史发展的进程中，不同地域、不同民族、不同社会制度，以及不同宗教、哲学、世俗流派等，都对人类社会发展目标有着不尽相同的界定和理解。从文明史的角度来看，人类社会发展经历了五个阶段。

第一个阶段是朴素的社会发展阶段。从人类产生一直到农业文明早期，这时期生产力水平极其低下，人类的发展依托于神圣的自然，人们以采摘、狩猎为主，相信人类是整个自然的附庸，始终以自然为中心，屈从、顺应和崇拜自然，与自然和谐相处。

第二个阶段是农业文明阶段。此时出现了三次社会分工，农业、畜牧业、商业的发展提高了生产力，人类的物质生活得到了丰富（武晟，1997）。人类社会的发展目标在于通过农耕技术革新来提高生产率，满足基本的物质生活需求，解决温饱问题。此时，人类的自然观已从盲目崇拜自然转变为局部改造自然，从总体来看，人类与自然还能和谐相处。

第三个阶段是工业文明前期阶段，从文艺复兴一直持续到20世纪70年代。工业革命前后，单纯的以经济增长为目标的社会发展观被明确地提出来，并被众多的资本主义国家当做社会发展的标准。经过两次工业革命，西方世界在逐步完成资本积累的基础上，通过技术革新和制度创新，生产力得到巨大提高，这一阶段人类社会的发展目标在于经济的增长，即提高GDP或者GNP，通过以“GDP”为纲的发展战略来积累人类物质财富。在对待环境的态度上，由于受到理性主义的影响，人们相信凭借人的主观能动性，可以认识、改造自然并让自然为自己所用，人类中心论已成为这一时期的主流思潮。但是，随着经济的发展，环境和社会问题越来越严重，集中表现在三个方面：①资源枯竭，粗放式的发展造成资源过度开采；②生态破坏，工业“三废”的过度排放，打破了地球的生态平衡，各种自然灾害越来越多；③社会冲突，激烈的竞争中出现了鲜明的“马太效应”，随着人类财富的迅速积累，贫富差距越来越大，国家内部两极分化严重，南北国家的分化也很明显，贫富差距激化了国家内部以及国家之间的矛盾，在这一时期，人类经历了历史上最为惨烈的两次世界大战。可见，经济水平的提高和物质消费的快速增长并没有使人类幸福指数显著提高，相反，人们的幸福感和许多福利指标却在不断地下降。

第四个阶段是工业文明后期阶段。这个阶段人类社会发展的目标，开始注重经济与社会的协调发展，不同地区、国家的发展目标也逐步呈现多元化的特征，人们逐渐认识到片面追求经济增长的发展观具有很大的局限性。西方资本主义国家率先转变经济增长方式，强调经济和社会的协调发展，并接受凯恩斯主义，允许政府对经济进行适当干预，英国、德国等国家实行福利国家政策，政府通过税收政策和转移支付政策，建立完善的社会救济和社会福利制度（姚开建，2011）；美国率先建立了包括社会、经济、文化、环境、生活等各项指标在内的新的社会发展指标体系，以求得经济、社会的全面发展；而以苏联、东欧为代表的社会主义国家实行中央集权的计划经济体制，以政府为主导对资源进行配置，仍然以国民经济增长为发展的主要目标。联合国也提出了经济与社会全面协调发展的新发展观，例如联合国于1974年通过《世界人口行动计划》，协调世界人口与经济、社会协调发展，促进人口与社会经济平衡合理发展。该计划重点强调了社会公平，社会就业，教育、科学、文化、环境以及区域间的协调发展等目标。尽管与片面追求经济增长的发展观相比，经济与社会全面发展的发展观在缓和社会矛盾方面起到了一定作用，但是，这种发展观并没有从根本上解决环境污染、生态破坏的问题，全球性的环境污染和生态破坏，迫使人们更加注重经济、社会、生态的可持续发展。

第五个阶段是知识文明阶段。20世纪90年代以后，随着信息技术的发展，知识（人才）成为推动人类社会发展的重要力量。生态环境的不断恶化使人们逐渐认识到经济、社会、生态协调发展的重要性，人类物质财富的积累使得人们越来越重视快乐的感受。因此这一阶段人类社会发展观的转变集中体现在三个方面：第一，发展中国家逐渐认识到“人”的重要性，开始强调人的自由发展。联合国开发计划署在《1990年人类发展报告》中，首次提出了人类发展的概念，明确提出发展的真正目的是为了扩大人类在经济、政治、文化等各领域内的选择权，实现人类的尊严、全民人权、自由、平等、公平和社会正义等，而非单纯的增加收入（陈雪莲，2010）。第二，世界各国寻求全球合作，减少全球性的生态灾难，强调人与自然的和谐相处，越来越多的国家开始重视20世纪70年代罗马俱乐部对人类发展前景的展望，即人类终将逐步步入生态社会，并逐渐对广义生态文明的多样性形成天然合理的自觉认同（温铁军，2009）。第三，在人类自身追求方面，人们已从单纯地追求物质转变为更加追求“快乐”，从单纯的关注人均GDP转变为关注自身幸福、快乐、健康、受到尊重、自我实现等，而这些也逐步成为影响人们选择的重要因素，甚至是决定性因素。鉴于人类社会发展目标的改进，当前众多国家越来越重视绿色GDP以及GNH（国民幸福指数，Gross National Happiness）① 核算方法在国民社会经济体系中的应用。这一时期的人类社会发展观，也可以概括为“以人为本，全面，协调，可持续的”人类发展观。

① 国民幸福指数是衡量一个国家或地区生态环境、政府管理、经济发展、社会进步、居民生活与幸福水平的指标。在一定意义上，绿色GDP核算也可以被理解为国民幸福指数核算的一种。

二　人类社会发展目标的多元化及其基本特征

不同时代、不同国家的思想家们，一直都在思考人类社会发展到底是为了什么。自以人道主义和理性化思考为核心的启蒙运动以来，人们普遍认为，人是世界的中心和主人，人是为了自己的幸福而生活。然而，对于什么是美好幸福的生活，如何创造美好幸福的生活，则无统一的结论和标准，存在着价值主观主义和多元主义（郭伟和，2001）。例如，支持“快乐原则”的人们认为，人类发展的目标应遵循快乐的原则，强调追求身体和心灵的快乐，趋避痛苦；而支持“辩证唯物主义”的人们认为，人类的发展是为了认识和改造世界，从而造福于人类。从福利经济学角度来看，影响人类社会发展目标的哲学思想主要有以下几种观点：功利主义哲学观、保守主义哲学观、自由主义哲学观、公平正义哲学观和社群主义哲学观。

（一）功利主义哲学观

功利主义哲学观追求个人自身的最大效益和幸福，不考虑行为的动机与手段，只求结果能促进幸福的增加，代表人物有边沁（Jeremy Bentham）。其学说的中心是功利主义，包括两个原理：一是功利原理或最大幸福原理；二是自利选择原理。前者认为，人们的行为准则取决于是否增进幸福，这一原理既支配私人行为，也影响政府的决策。在边沁看来，社会是由各个个体构成的团体，社会整体的幸福是组成社会的个人幸福的总和，社会的幸福是以最大多数人的最大幸福来衡量的；自利选择原理认为，什么是快乐、什么是痛苦，每个人自己最清楚，在原则上，个体是其自身幸福的最好判断者，每个人追求自己的最大幸福，是理性所使。在人类社会生活中，自利的选择占据支配地位，当人们进行各种活动与决策时，都会追求自己的最大幸福，而不管对自己以外的全体幸福会带来什么样的结果，这是人性的一种必然倾向。①

边沁以功利原理和自利选择原理为依据，在经济方面提倡自由放任主义，即经济活动应遵循个人自由的原则，国家所做之事只限于保护个人活动的自由和私有财产的安全，而不应做其他干涉。按照边沁的说法，自由放任的经济政策，不仅仅可以提高物质财富的总量，也可以促使分配更加平等，从而使幸福也达到最大值。边沁认为，如果安全与平等不能两全，则须放弃平等，以维护私有财产的安全。② 功利主义价值标准的优点在于，它着眼于社会机制的后果——福利（幸福）。不足之处在于：第一，忽略了社会分配；第二，忽略了权利、自由以及其他因素。③

（二）保守主义哲学观

保守主义哲学强调维护社会现状和历史传统，反对社会激进的变革，强调坚持既有的价值观念，保守主义代表人物主要有爱尔兰政治理论家埃德蒙·伯克（Edmund Burke）和伦敦经济学院资深政治理论家斯梅利等。

---

① 百度百科：《功利主义》，http：//baike. baidu. com/view/588025. htm，2012 年 4 月。

② 百度百科：《功利主义》，http：//baike. baidu. com/view/588025. htm，2012 年 4 月。

③ 〔印度〕阿马蒂亚·森：《以自由看待发展》，任赜、于真译，中国人民大学出版社，2002。

保守主义哲学观与消极的自由主义哲学观有很多相同之处，甚至很多政治哲学家把保守主义等同于消极的自由主义。保守主义哲学观反对法国启蒙运动的“理性构建主义”，对复杂的大规模社会计划持怀疑态度，认为个人的理性是有限的，政府的构建不应该由抽象的“理性”所组成，并强调自然秩序原理，认为那些在人类发展过程中不断试错而产生发展的制度才是最优的制度。在经济上，持这种观点的人推崇自由市场经济，反对政府的过度干预；在文化上，他们并不否定社会和文化变化，但是要求社会和文化的变迁要尊重传统；在政治上，他们认为政府的干预必须是有限的，强调个人自由权和财产权的不可侵犯，反对激进的革命，主张通过渐进的改革来提高社会整体福利（朱德米，2004）。

（三）自由主义哲学观

自由主义哲学观的核心价值在于自由至上。个人的幸福在于追求有法治权利保证的、受最少限制的个人自由，这种法制意义上的自由，包括政治自由、经济自由（私人产权制度、自由交易、对契约关系的法律保护），以及其他许多自由权。自由主义价值观反对专制，崇尚法治和主张保护人权，现在已经成为世界普遍价值标准的重要组成部分。由于自由主义哲学观受到理性主义和自然秩序原理的双重影响，因此可以把自由主义划分为积极的自由主义和消极的自由主义。自由主义的范畴非常广泛：个人主义、理性主义、平等主义、普遍主义、政治中立，甚至保守主义哲学都可以看做自由主义的观点。[①] 例如，哈耶克等既是保守

① 〔英〕杰弗里·托马斯：《政治哲学导论》，顾肃译，中国人民大学出版社，2006。

主义者，也是自由主义者。

自由主义的观点作为一种价值判断标准，最大的问题在于过于强调过程而忽视了结果，强调人的自由、法律权力，而忽视了结果的公正，有时候公正的结果可能更为重要。自由主义至上的哲学观回答不了为什么在经济自由的地方仍然存在饿死人的现象。

（四）公平正义哲学观

作为二战之后西方政治哲学、法学和道德哲学中最重要的著作之一，罗尔斯的《正义论》集中代表了公平正义的哲学观。罗尔斯正义理论的公平主义价值标准是：立足于公平的一套优先于任何其他考虑的自由权。该理论从公平出发，通过极其严密的逻辑分析，得出“自由优先权”这一项要求，即存在一组自由权利，不管任何其他考虑，必须保证这一组自由权利的实现。[①] 自由主义理论家诺奇克在此基础上提出更强的“自由权优先”的要求，具有优先性的自由权利的目录更长，优先性的程度更绝对，即“权利优先于善”，[②] 因此，诺齐克的观点跟罗尔斯的观点是不同的。除了自由优先权之外，公平正义理论还强调对社会和经济的不平等安排要保证境况最差者的最大利益，同时按照机会均等的原则，要把这种不平等跟所有不同职业、不同地位的个体联系起来。公平正义的哲学观不同于平均主义的哲学观，前者强调人类社会发展要保护境况最差者的福利，而后者则强调经过分配

① 〔美〕约翰·罗尔斯：《正义论》，何怀宏、何包钢、廖申白译，中国社会科学出版社，2009。

② 〔美〕罗伯特·诺奇克：《无政府、国家和乌托邦》，姚大志译，中国社会科学出版社，2008。

使得每个社会成员的福利状况变得完全相同。

（五）社群主义哲学观

社群主义人生哲学是20世纪80年代后产生的当代最有影响力的西方政治思潮之一，社群主义是一系列不同观点的集合。社群主义是在批判罗尔斯的公平正义理论以及新自由主义中逐渐发展起来的，代表人物为美国哈佛大学教授迈可·桑德尔（Michael Sandel）。社群主义以新集体主义为哲学基础，主要有两个特征：第一个特征是强调自我的社会情境性，个人通过在历史上特定的社会或文明中，观念性地把握的东西来获得自我理解，获得善的观念；第二个特征是否定个人主义，反对将个人作为社会政治分析的基本变量，强调个人的属性是由其存在的社群决定的，用公益政治学代替权利政治学。社群主义强调集体权利大于个人权利，个人的权利并不总是优先于善，强调国家、家庭、社区的价值，推崇爱国主义。社群主义哲学观认为，当社群的利益达到最大化时，整个社会的福利状况也就达到了最大，社群主义与社会主义思想有交会之处。①

由于不同的哲学派别对人类社会发展的目标定位不同，因而追求幸福、快乐和福祉的内涵也存在差异。这就要求我们根据自身国家的发展状况和历史特点，辩证地看待不同的哲学观，寻求最适合国家发展的哲学观点，以此制定社会发展的目标。

总的来说，人类社会发展目标是一个主观的、多元化的、随着人类社会发展不断丰富发展的概念，在多元化发展过程中，由

---

① 〔英〕杰弗里·托马斯：《政治哲学导论》，顾肃译，中国人民大学出版社，2006。

于人性使然，也体现了一定的同一性。概括起来，人类社会发展目标具有以下两个重要特点。

1. 发展目标的差异性

不同时期、地区、社会制度下的发展目标存在不同。“幸福”作为福利经济学的核心词汇，作为人类追求的重要目标，不同时代的理解是不同的。例如在荷马时代，人们认为幸福等同于幸运；在古希腊哲学家所处的时代，幸福等同于智慧和德行；而在中世纪，幸福却等同于天堂；在启蒙时代，幸福又等同于及时行乐等等（奚恺元等，2008）。不同的哲学、宗教和世俗流派对幸福也有着不同的理解，他们往往都是从一个特定的角度对幸福进行定义，例如西方哲学家苏格拉底、柏拉图认为，幸福是求知、修德行善。中国哲学家墨子认为，幸福是谋取大众的安宁和幸福，实现兼爱。正是由于哲学家等对幸福定义的狭隘性，使得幸福学不能发展成为一门独立的学科。人类的发展目标是多元化的，幸福观也呈现多样性，不同人对幸福生活的理解存在差异，这一点不足为奇。然而，若不能就幸福的本质属性达成基本的共识，不同流派之间就没有共同探讨“幸福”的平台，就会存在互不理解、互不信任的理念隔阂，更谈不上对幸福的深入研究。就像一个英国足球迷和一个美国足球迷在桌上谈论足球，由于他们各自理解的足球根本不是同一项运动，导致两者缺乏共同交流的基础，因此也就无法深入探讨足球的战术技法。

2. 发展目标的共同性

尽管存在上述诸多差别，由于“人性”的同质性，不同社会制度与流派也存在着共同的发展目标（郭伟和，2001），即将个人的全面自由的发展、个人的尊严和个人的需求满足视为首要目标（社会发展的终极目标）；经济发展是满足个人需求从而实现幸福的手段；个人对福利的判断具有主观性、差异性，社会福利是以个人的主观评价为基础的。阿马蒂亚·森（Amartya Sen，又译“阿玛蒂亚·森”）甚至认为，无论功利主义、自由至上主义，以罗尔斯正义论为代表的公平正义理论，都强调人类发展的目标在于个体追求实质自由，即集中去做人们有理由珍视的事情的可行能力，以及去享受他们有理由珍视的生活的自由。[①] 因此，需要有一种理论来研究不同时空条件下经济社会发展的合意性。

三　人类社会发展目标的主要趋向

正如前文所述，人们社会发展的目标已经步入了新的阶段，强调“以人为本，全面、协调、可持续的”人类发展观，强调人类自身的幸福、快乐等。英国非政府组织“新经济基金”2009 年开展的“幸福星球指数”调查结果显示，被人们称为“中美洲瑞士”和“绿色生态花园”的哥斯达黎加荣膺全球最适宜人居、居民幸福指数最高的国家。在居于幸福排名前十位的国家中，除越南外，都是拉美国家，并不是人们想象中的西方经济发达国家。20 世纪 70 年代，不丹王国独创的“不丹模式”，日益成为西方发达国家关注的对象，这一模式强调人生基本的问题是在物质和精神生活之间保持平衡，社会发展的目标应是提高“国民幸福总值”（这一总值有四

① 〔印度〕阿马蒂亚·森：《以自由看待发展》，任赜、于真译，中国人民大学出版社，2002。

大支柱，分别为社会经济均衡发展、保护自然环境、保护传统文化、实行善治良政[①])，最终实现公平发展，幸福不丹。

可见，人类社会发展的目标将在尊重个人自由、民主、发展的基础上，注重经济增长方式、生产方式以及社会结构的优化，使发展逐渐替代增长成为人类社会发展的主要目标（郭熙保、周军，2007）。人类社会发展的终极目标是要满足社会成员的各种需要，从而提升人们的福利水平与幸福感受。世界发达国家经济增长与发展的阶段，一般经历了从规模增长型向质量进步型的转变，然后再从质量进步型向创新福利型转变。从我国当前的发展状况来看，我国已基本实现了经济规模的快速增长，正朝着质量进步型和创新福利型转变，一方面提高经济增长质量，提升企业、产业、区域、国家的创新能力与竞争力，建设创新型国家；另一方面创造人们幸福生活的各种条件，提供个人主动追求和实现幸福生活的机会与平台，尽可能地提高人们的生活质量，增进人们的幸福感。可以说，炫耀物质财富的时代正在远去，崇尚自由幸福的时代初露端倪。

第二节　效用、福利与幸福

一　效用与偏好

效用是指个人需要得到满足的主观感受，在经济学中主要指

---

① 国际在线：《"幸福指数"点燃东西方变革"不丹模式"影响全球》，http：//news.163.com/11/0121/14/6QU8J05700014JB5_2.html，2011年1月21日。

人们消费商品带来的心理满意程度，常被用来替代福利这一概念。效用与欲望不同，欲望是一种缺乏的感觉与求得满足的愿望，而效用是从消费物品中所得到的满足程度，是对欲望得到满足的一个度量。基数效用和序数效用是衡量效用大小的两种重要方法。

偏好是一个微观经济学概念，也被广泛用于对福利的理解和测量，它是指人们按照自己的愿望对消费品进行排列，虽然无法准确测量某一消费品带来的福利是多少，但可以在选项中进行排序，知道哪种选择能为自己带来更多的福利。偏好是人们内心情感的一种倾向，是一个主观相对概念，不同人之间偏好可能存在显著差异，但对于群体来说，偏好存在着某种程度的一致性。

总之，效用和偏好在经济学中被广泛用于替代福利这一概念，三者之间，就像庇古（Arthur Cecil Pigou）认为的那样，效用是一种满足程度，一个人的福利是由效用构成的，而不同的效用水平代表不同的偏好水平。也就是说，对于一个消费者而言，当相对于商品 B 偏好商品 A 时，如果他有能力购买，其得到 A 的满足感一定高于 B，A 的效用必定大于 B，其获得的福利也就相对更高了。

二　福利与社会福利

福利（welfare）可以被理解为幸福或快乐，是指个人生活的幸福满意程度。福利的大小在一定程度上可以用个人消费获得的效用大小来衡量，当个人通过消费实现需求的满足时，满足感越强烈，得到的效用也就越大，福利也就越大；个人福利既涉及物质需要，也涉及精神需要。可见，福利与效用、偏好、幸福密切相关，而与政府提供的狭义福利截然不同。政府提供的社会福利一般是指国家或者政府在立法或政策范围内，为所有对象普遍提供旨在提高生活质量的资金和社会服务的社会保障制度。这种社会福利的内涵和外延都很难确定，至少可以从三个层次来理解它，在最广泛的意义上，它是指一切改善和提高公民物质生活和精神生活的社会措施；而从中层意义来看，社会福利基本上是社会保障的相同表达；从最小的外延来看，社会福利是社会保障的一个组成部分（李珍，2008）。

从福利经济学的角度看，社会福利是个人福利的汇总，福利本身包含的范围极为广泛。庇古曾把福利划分为经济和非经济福利，能否直接或间接通过货币来计算是其划分的标准，但由于在经济满足和非经济满足之间并不存在一条明确的界限，所以也不能完全把经济福利同其他福利分割开。①

三　幸福

（一）幸福与快乐

幸福是一种主观心理体验，不同的哲学、宗教、世俗等对幸福都有着不同的理解，但对幸福进行真正科学的定义始于心理学，心理学家认为，幸福是人们对于生活状态的正向情感认知评价（奚恺元等，2008）。

---

① 〔英〕A. C. 庇古：《福利经济学》，朱泱、张胜纪、吴良健译，商务印书馆，2006。

幸福与快乐虽然在英文中都可以翻译为 Happiness，但是，西方的伦理学家更愿意把幸福称为 Eudemonia。幸福是指一种持续时间相对较长，对生活较为满足，并希望长久保持的愉悦精神，快乐则是欲望满足时所产生的愉悦体验，可以理解为幸福的一个维度，相对更为容易得到。古希腊哲学家伊壁鸠鲁（Epicurus）认为，快乐是指身体的不痛苦和心灵的无纷扰。中国著名的文学家钱钟书也认为，快乐的一个“快”字，预示着人世间一切乐事的飘瞥难留。所以，在西方伦理学流传着这么一句话：功利主义是一种幸福主义，而不是快乐主义（Utilitarianism is eudemonia, but not hedonism）。[①] 在福利经济学界，幸福常被译为 Wellbeing 或 Happiness。

（二）主观幸福感

正是由于幸福是一种主观判断，是来自于人们的内在主观感受，它不以实际发生为评价标准，所以幸福等于幸福感，也称为主观幸福感（Subjective Wellbeing，SWB）。人们通常认为，主观幸福感由“三个维度”构成（奚恺元等，2008），具体涉及“五大要素”。[②]

“三个维度”包括情感、认知和过程维度。所谓情感维度，是人们对生活幸福与否的实时的主观评价，分为正向和负向情感，一般而言，体验更多正向情感的人往往更加幸福，但并不意

① 有道词典：Eudaimonia，http：//dict. youdao. com/w/eudaimonia/#，2012 年 4 月。

② 〔美〕汤姆·拉思、吉姆·哈特：《你的幸福可以测量》，王权、钟颂飞、王正林译，中国青年出版社，2010。

味着追求幸福就要一味向往体验更多的正向情感，更不是说从不体验负向情感的人就是最幸福的；认知维度，是相对于情感维度较为高级的幸福体验，人们可以通过高级的认知过程来体验幸福，如把现状与目标进行比较，评价生活的满意度；过程维度主要是指在过程中经历的体验，如忘我地投入某项工作，当事后有暇回顾时也会觉得倍感幸福。

主观幸福感涉及的“五大要素”，是指职业幸福感、社交幸福感、财务（经济）状况幸福感、健康状况幸福感和社会环境（社会贡献）幸福感。这些都是一个人感受多大幸福的重要影响因素，也是我们提高和增进自身幸福感的重要方面。

（三）幸福与效用

P. 萨缪尔森曾提出了一个简化的幸福方程式，即效用/欲望＝幸福指数。判断一个人的幸福与否，可以从答案中得到，以得数 1 为分界岭，比 1 小就证明不幸福，等于 1 或者比 1 大就证明是幸福的。[①] 由此可见，幸福不等于效用，有钱也不一定就快乐，因为效用仅仅是从消费物品中所得到的满足程度，而幸福的主观体验还受到其他诸多因素的影响。

大量研究表明，不同时空、不同收入阶段，效用与幸福的关系不同，如果不充分考虑这个特点，当用国民幸福指数反映不同地区和不同时间的幸福水平时，就会造成误解与误导。例如，在人均 GDP 较低的时期，GDP 的增长与人们的幸福体验成正比，而当 GDP 达到一定水平（比如说 7000 美元）之后，人们的幸福

① 百度百科：《幸福感指数》，http：//baike. baidu. com/view/1298996. htm，2012 年 6 月 5 日。

感并不能同步上升，出现“收入—幸福关系曲线”的拐点，[①] 即随着收入的增加，幸福感的增加呈边际递减。再如，当前我国东西部地区的经济发展水平差距很大，尽管东部地区人均消费数额高，但人们获得的效用与满足感未必比西部地区人们的高，所以，我们在应用国民幸福指数时，一定要理解并区分相关的因素。另外，根据马斯洛的需求层次理论，当人们以物质需求为主逐步转向以文化精神需求为主后，效用与幸福的相关性将明显减弱，我们可以看到，从消费物品中所得到的满足感已经远远不能满足我们对精神文化的追求。

第三节 福利经济学

一 福利经济学的概念

一般认为，福利经济学是一门研究资源配置如何影响经济福利的学科。作为经济学的一个分支，福利经济学着重于评价经济制度与政策在社会福利方面的效果；美国经济学家哈维·S. 罗森认为，福利经济学是研究不同经济状态的社会合意性的经济理论[②]；澳大利亚华裔经济学家黄有光是这样给福利经济学下的定义：福利经济学是一门致力于判断社会福祉在一种经济状态下比

① 人民网：《幸福指数与人均 GDP 倒挂 珠三角迎“收入—幸福”拐点》，http：//politics. people. com. cn/GB/70731/17102981. html，2012 年 2 月 14 日。

② 〔美〕哈维·S. 罗森：《财政学》，马欣仁、陈茜译，中国财政经济出版社，1992。

另一种经济状态下更高或更低的学科[①]，它力图系统地阐述一些命题，依据这些命题，我们可以判断某一经济状况下的社会福利高于还是低于另一经济状况下的社会福利；Mishan（1969）认为，福利经济学是致力于对可供社会选择的经济状态，用好坏来进行排序的学科。

可见，福利经济学是西方经济学家从福利观点或最大化原则出发，对经济体系的运行予以社会评价的经济学分支，是一门评价经济制度与政策在社会福利方面的效果的学科，是依据某种价值判断对现实经济状况的合意性进行评价的理论基础和分析工具。它既不等于社会福利事业，也不等于社会福利政策。

考虑到福利经济学的最近发展与未来走势，我们可以认为：福利经济学是一门研究福利评价原理及其应用的学科。其基本内容涉及福利的评价标准、福利的影响因素、不同状态下的福利比较、有限资源下的福利最大化等。

二　福利经济学的属性

关于福利经济学到底是规范性学科还是实证性学科一直存在着较大争议。实证性主要用来研究“是什么”的问题，规范性主要研究“怎么做”的问题。黄有光认为，问题的答案取决于我们研究福利经济学的态度。“如果我们从实证性意义来定义社会福祉，并使自己仅仅限于研究影响社会福祉的经济因素，那么福祉经济学就是一门实证性的学科。相反，如果我们想多走一步，不

① 黄有光：《福祉经济学》，张清津译，东北财经大学出版社，2005。

想使自己局限于研究什么措施能够增进社会福祉，而且还想证明应该采取什么措施，这样就要对福祉经济学采取规范性态度”。[①]一般来说，由于福利经济学涉及评价问题，就必然离不开评价的方法和标准，当对选择标准进行界定时，就预示着福利经济学需要进行规范性的分析，且这种分析方法和标准是多元化的，不同标准下对福利的评定也会存在差异；而作为经济学的一个分支，福利经济学的一般本质又是一种实证分析工具。

所以，福利经济学既是对有关因素如何影响社会福利进行分析的实证经济学，又是对某些制度、政策与措施是否应当被采纳的规范经济分析；既可以是实证的，也可以依据某一主观标准做出好与坏的规范判断。

三　福利经济学的意义

早期的经济学，特别是以亚当·斯密《国富论》为代表的古典经济学，往往强调财富的重要性，包括财富的性质、生产及分配规律等，但随着工业文明的扩展，片面追求经济增长也为资本主义的发展带来了负面影响。例如，由于片面注重效率带来了收入不公平；南北之间，以及国家内部贫富差距扩大；由于外部性所带来的环境污染，资源过度消耗等。俄国十月革命的胜利，以及两次世界大战的爆发都对以经济增长为纲的战略提出了巨大的挑战，在财富总量扩大的同时，如何提高人类及社会的福利，俨然已成为人类社会发展面临的重大课题。这就要求有一种理论或

① 黄有光：《福祉经济学》，张清津译，东北财经大学出版社，2005。

分析框架，能对现实经济状况的合意性进行评价，使人们能够理性地考察不同经济状态下社会福利的增减变动，以说明现实经济制度与政策是否合意。在这样的背景下，福利经济学应运而生。

福利经济学应用领域很广，包括研究福利的评价标准、思路和基本方法；认识市场经济的合意性以及政府介入经济的原因、职能和效果；分析垄断、信息不对称、外部效应、公共物品等现象与社会福利的关系；探讨公共选择理论及其在有关制度改革与政策制定中的运用等。通过福利经济学的学习，能让我们更加深刻地认识现实问题，从而提升我们认识世界、改造世界的能力。例如对赋税政策的理解，到底是高赋税政策还是低赋税政策更能带来效率和公平呢？信息不充分广泛存在于现实世界中，我们该如何认识和解决逆向选择和道德风险问题呢？当我们个人走在人生十字路口时，又该如何选择，从而实现自身最大的福利呢？总之，福利经济学存在于现实社会生活的方方面面，大到国家大事，小到个人选择，都离不开福利经济学的思想和理念。

四　福利经济学的沿革

（一）福利经济学的产生

早在19世纪，一些经济学家就把价值判断等伦理学知识应用到经济学研究之中，这可以视为福利经济学思想的起源。福利经济学的萌芽是洛桑学派的重要代表人物意大利经济学家帕累托的经济思想，帕累托在《政治经济学教程》中，考察了一般均衡状态下市场经济的合意性，并提出了满足社会最优的标准，即帕累托最优标准，这成为福利经济学的发展基础（郭伟和，2001）。

福利经济学真正产生于20世纪初的英国，以1920年A. C. 庇古的《福利经济学》出版为标志，庇古也因此被称为福利经济学之父，他的观点后来在美国、德国、法国、瑞典等西方国家得到传播和发展。

（二）福利经济学的发展

福利经济学的发展主要经历了以下几个阶段：

1. 庇古的福利经济学

传统的福利经济学以1920年庇古出版的《福利经济学》为代表，书中内容主要分为两部分：第一部分是根据边际效用价值学说提出的一套福利概念，并把这种主观福利概念和国民收入联系起来；第二部分是从国民收入量的增加和国民收入的分配出发，推导出增加社会经济福利的重要措施。[①] 这时候的福利经济学的研究前提是局部均衡，即以单个的生产者或消费者为分析对象，而不考虑个体同其他市场主体之间的相互影响，包括的核心内容主要有：通过基数效用方法来测量效用的大小，并认为不同商品的效用是可以比较的。

庇古的福利经济学利用基数效用法来测量效用。基数效用理论对效用的数值赋予了重要意义，效用的大小可以用基数（1，2，3，…）来表示，这样消费商品束，即不同商品的组合所带来的效用，不仅可以进行排序，而且可以计量并加总求和。庇古认为，效用可以用单位商品价格来衡量，即“一个人为了避免失去某种满足或快乐时愿意支付货币”；但由于福利还是很多非经济

① 〔英〕亚瑟·赛斯尔·庇古：《福利经济学》，何玉长等译，上海财经大学出版社，2009。

变量的函数，所以庇古主要研究那些可以用货币计量的社会经济福利。

基数效用论不仅认为，效用可以被测量与加总求和，而且具体效用之间的比较也是有意义的。庇古认为，在一定时间内，在其他商品的消费数量保持不变的条件下，随着消费者对某种商品消费数量的增加，消费者从该商品连续增加的每一消费单位所得到的效用增量即边际效用是递减的，这就是边际效用递减规律；庇古假定在货币的边际效用不变的情况下，凭借货币边际效用这个桥梁，能将社会上所有市场主体对商品的偏好联系起来，从而得出不仅一个人对于同种商品的满足程度可以比较，各个不同的人或集团对于商品的满足程度也是可以进行比较的，只有通过对各种商品所提供的效用进行比较后，才能合理分配自己的货币收入来购买不同的商品，使得自己的效用达到最大化；货币分配的标准，即购买不同商品遵循的标准是：$MUx/Px = MUy/Py$，即商品 x 的边际效用与价格之比等于商品 y 的边际效用与价格之比，这也是在基数效用论下，福利最大化的条件。

庇古认为，要增加经济福利，首先要增加国民收入，同时要消除国民收入的不平等。他认为，既然通过货币这一桥梁，可以将不同群体的效用进行比较，当存在边际效用递减规律时，相同的商品给富人和穷人带来的边际效用是不同的，商品给穷人带来的边际效用要远远大于商品给富人带来的边际效用。庇古认为，更加公平的收入分配是实现社会总体效用最大化的重要条件，当相同商品给不同个体带来的边际效用相等时，社会福利达到最大化。因此，庇古主张政府干预，鼓励政府通过转移支付的方式实现更加公平的收入分配，来提高社会的整体福利水平，他认为，任何能够增加穷人实际收入而不减少国民收入的措施都会增加社会福利。

作为古典经济学家的重要代表，庇古的观点，一方面，说明机会均等以及竞争的市场机制对提高整体国民财富的重要性，这传承了亚当·斯密、穆勒的思想，另一方面，庇古也注重国民收入分配的结果公平，他的福利经济学观点给予了穷人更多的关注。

2. 希克斯—艾伦革命

福利经济学产生之后，西方经济学界对福利经济学展开了争论，争论的主题主要围绕下面这几个方面：效用作为一种主观感受，到底能不能用基数来衡量；个人之间或者团体之间效用可不可以用来比较；适合所有人的基数效用的度量单位到底存在不存在；福利经济学到底应该发展成为一门规范性经济学，还是实证性经济学等。

英国经济学家莱昂内尔·罗宾斯认为，经济学和伦理学的结合在逻辑上是不可能的，经济学不应该涉及伦理或价值判断，经济学中所产生的具有规范性质的结论，大都是因为使用了基数效用理论，因此，经济学家应该避免使用基数效用。罗宾斯的观点改变了经济学的发展历程，促使人们审视传统福利经济学存在的问题。随后，希克斯从帕累托的思想中，找到了不必利用基数效用也可以求解效用最大化的新方法，并把帕累托的思想重新规范表达成为现在我们所熟知的帕累托标准。1939 年希克斯在《价值与资本》一书中，借用无差异曲线，在序数效用论概念的基础上，对效用理论进行了重新表述，并进一步建立起了以序数效用理论为基础的一般均衡理论[①]。希克斯的思想对以基数效用论为基础的传统福利经济学产生了巨大冲击，由于他和另一位经济学家艾伦在福利经济学中的重大贡献，经济学家把这时候的福利经济学发展称为“希克斯—艾伦革命”（Hicks - Allen Revolution）。

与庇古的传统福利经济学相比，这个时期的福利经济学，是以一种新的研究方法来对社会福利问题进行分析，当然研究方法背后所代表的哲学基础（即人际效用到底可不可以比较）也发生了变化。这时候的福利经济学采用序数效用法和无差异曲线方法代替基数效用法和边际效用递减规律；用一般均衡理论代替局部均衡，并且否定收入均等化理论，仅以交换上和生产上的最优条件作为达到最大福利的条件；提出福利标准以及补偿检验来代替人际效用的比较，并在加入伦理判断的基础上构造社会福利函数。这个时期福利经济学的核心思想主要包括三个方面：以序数效用论为基础测量个人效用的强弱；以帕累托最优作为判断福利状况的标准；强调个人效用的不可比较性。

（1）序数效用论。其概念由帕累托提出，后来经过希克斯发展逐渐成为福利经济学的理论基础。序数效用论与基数效用论最大的不同在于，在序数效用论者看来，效用只有次序的先后之分，不可以用数量单位来衡量。如果消费者感觉消费一种消费束（包括完整的商品和劳务组合）的效用，大于消费另一种消费束的效用，我们就可以说相对于后面的消费束，消费者更偏好前面

① 〔美〕希克斯：《价值与资本》，薛蕃康译，商务印书馆，2010。

的消费束。为了给偏好排序，序数效用论者规定了偏好的三个特点：完备性、反身性、传递性。完备性是指任何两个消费束都可以进行排序；反身性是指任何一个消费束都至少和它本身一样好；传递性则指如果消费者偏好 A 消费束优于 B，并且偏好 B 消费束优于 C，那么一定偏好 A 优于 C。为了与基数效用论者的边际效用递减规律相对应，序数效用论者还提出了边际替代率，即为了得到相同的效用，消费者愿意用一种商品代替另一种商品的比率，边际替代率存在着递减的规律。

（2）判断福利的标准——帕累托最优。由于效用仅仅可以用来排序，因此一个人的最大福利状态不是福利数量的最大化，而是最高满足水平。福利经济学家一直在探究在什么状态下我们可以说实现了福利最大化。帕累托首先提出最优条件，他认为如果生产和交换改变了，这种改变使得一部分人的情况变好，同时使得一些人的情况变坏，那么就不能判断社会福利是增加了还是减少了。如果生产和交换的改变，使得一些人在满足程度不变的情况下，至少使得一个人的情况变好，那么这种改变就是提高了社会福利，这也就是帕累托改进。当改变不能产生帕累托改进时，此时的资源分配情况就达到了帕累托最优。

在此基础上，福利经济学家将最优条件概括为：当市场上达到交换的帕累托最优、生产的帕累托最优，以及同时达到交换和生产的帕累托最优时，社会福利就达到最高的满足水平。

帕累托标准也有自身的缺陷，一些福利经济学家认为，帕累托最优条件过于苛刻，不具有广泛的适用性。当一项经济政策使某些人的处境改善一些，而同时使另外一些人的处境变坏一些时，利用帕累托标准就很难对福利状况进行进一步的比较。经济学家对福利标准进行改进，提出了一些补偿原则，包括卡尔多补偿原则、希克斯补偿原则、西托夫斯基补偿原则、李特尔补偿原则等，这些都在不同程度上弥补了帕累托标准的不足。

（3）效用的不可比较性。与庇古的观点相反，这时期的福利经济学家认为，效用是主观的，是对于愿望的满足，因此效用是不可观察的，在人际间也是不能比较的。罗宾斯认为，经济学和伦理学的结合在逻辑上是不可能的，应该更加注重实证分析，对于特定的某个人而言，收入的效用可能是逐渐递减的，但是当把这一规律扩展到不同的人之间，则必然涉及了非科学的研究[①]。

3. 社会福利函数与阿罗不可能定理

经过罗宾斯、希克斯等人的改造，福利经济学重新得到了经济学界的推崇，并迅速传播发展。进入 20 世纪 40 年代之后，由于帕累托最优仅仅规定了福利经济学的效率标准，并没有对分配问题进行阐述，以萨缪尔森、伯格森为代表的福利经济学家陆续通过提出社会福利函数对福利经济学进行完善[②]。数学工具（社会福利函数）的运用使得福利问题研究更加规范，为了求解社会福利函数的最优值，必须限定条件，也就是加入道德价值判断，如功利主义的效用最大、罗尔斯的公平正义等。

随着经济学的发展，经济学家更加注重宏观经济学的微观基础。只有从个人的偏好次序推导出社会偏好次序，才能利用社会

① 〔英〕罗宾斯：《经济科学的性质和意义》，朱泱译，商务印书馆，2000。

② 百度文库：《福利经济学：正义，公平，效率》，http：//wenku. baidu. com/view/802bc67e5acfa1c7aa00cc62. html，2011 年 2 月 24 日。

福利函数确定社会最大福利。阿罗不可能定理的提出，则证明不存在阿罗定义的社会福利函数，即“阿罗社会福利函数”。肯尼思·阿罗是斯坦福大学的教授，阿罗不可能定理来自孔多赛的投票悖论，投票悖论是指按照少数服从多数原则，改变投票顺序会得到不同的投票结果。阿罗在此理论基础上进行延伸，并于1950年正式提出阿罗不可能定理：在限定条件下个人偏好并不能加总成社会偏好。阿罗也因为自己在这个领域的研究，于1972年被授予诺贝尔经济学奖。阿罗不可能定理的提出，冲击了社会福利函数理论，使得福利经济学家们认识到，只有根据一定的道德标准才能确立社会的偏好顺序，阿罗不可能定理也推动了公共选择理论的发展。

4. 后阿罗时代的福利经济学

阿罗不可能定理提出后，福利经济学界对此展开了讨论，福利经济学也经历了长达10年的徘徊发展期。萨缪尔森和李特尔试图绕过阿罗不可能定理，他们认为阿罗不可能定理与福利经济学无关，福利经济学不会因此受到什么影响。差不多在同时，肯普和黄有光以及阿马蒂亚·森分别证明了不可能定理的存在，并找到解决阿罗不可能定理的思路。肯普和黄有光认为，采用基数效用是解决阿罗不可能性的一种方法，阿马蒂亚·森则强调需要更加关注个人权利等问题对社会排序的影响（姚明霞，2001）。在关于阿罗不可能定理的争论中，阿马蒂亚·森的贡献最大。印度经济学家阿马蒂亚·森改变了福利经济学的议题，阿马蒂亚·森认为，阿罗不可能定理的存在，从技术层面上讲是无懈可击的，阿罗不可能定理的存在，来源于序数效用论的缺陷（姚明霞，2001）。阿马蒂亚·森认为，阿罗不可能定理只适用于投票式的集体选择规则，该规则无法用来比较全面的人际效用信息，阿罗不可能定理产生的原因，在于福利主义和序数主义是不兼容的，因此，如果想解决阿罗不可能定理，要么用基数主义代替序数主义，要么用非福利主义代替福利主义。除了对阿罗不可能定理的探究外，阿马蒂亚·森在福利经济学中的贡献还有很多，他创建了全新的福利与贫穷指数，并对饥荒形成的机制进行了实证研究，发现饥荒不是因为粮食不足，而是由于各种社会经济因素对不同群体产生影响，导致他们缺乏获得食品的能力与机会。阿马蒂亚·森的理论使得贫困问题再次成为国际经济的重要课题，更推动了经济学研究方法的创新。顺着阿马蒂亚·森的求解思路（基数效用理论代替序数效用理论），福利经济学开始了向基数效用理论的回归，如黄有光于 1975 年提出与古典效用主义相同的社会福利函数，即新古典效用主义的社会福利函数。

进入 20 世纪 70 年代之后，福利经济学的发展还体现如下几个趋势：第一，福利经济学开始注重对公平、正义的研究，如罗尔斯社会福利函数，更加注重公平正义问题；第二，福利经济学还不断与社会学、心理学、政治学等其他学科相互交叉，如以詹姆斯·布坎南（James M. Buchanan）为代表的公共选择理论，将经济学的方法移植到了政治学中，强调制度在政治决策中的重要地位；第三，福利测算方法实现了新的突破，随着福利经济学与伦理学、心理学、生物学的相互交叉，经济学家利用心理学、生物学的知识对福利进行测量，在阿马蒂亚·森之后，2002 年诺贝尔经济学奖授予了美国学者丹尼尔·卡尼曼和弗农·史密斯，表彰他们“把心理研究的悟性和洞察力与经济科学融合到一起”。他们以实证的方式证明了“幸福和痛苦的体验效用也可测度”，并支配着人们的生活，以期在边沁的效用观念基础上发展福利经济学（秦朔，2004）；第四，随着20世纪70年代，西方发达国家宏观经济发展出现“滞胀”问题，以及高福利所带来的政府债务危机，人们开始对凯恩斯主义进行反思，有的经济学家甚至对凯恩斯主义和福利经济学理论提出了猛烈的批评。哈耶克从反对建构主义的角度对福利经济学理论和福利国家进行了反驳，他认为福利是一个人为的设计，而不是人类的自发行动，政府对社会经济生活的干预违背了人的自由选择权；福利国家作为一种人为的建构，其实际的运行效果具有不确定性；同时他主张政府的责任应该限定在修造公园，提供基本教育等少数领域，限制政府的扩张。[①] 米尔顿·弗里德曼从市场经济发展的角度批评了凯恩斯的宏观经济学理论和福利经济理论，他认为，个人的福利完全属于个人的概念，个人的幸福只有在市场的交换中才能得到改善。公共选择理论认为，政府并不能总是能够弥补市场的缺陷，有时候政府失灵带来的福利损失可能比市场失灵带来的福利损失还要大。在市场失灵和政府失灵都存在的情况下，使用什么样的策略来改善社会福利，怎样协调政府和市场的关系来实现社会福利最大化，这都成为福利经济学探索的重要方向。

① 〔英〕弗里德里希·冯·哈耶克：《哈耶克文选》，冯克利译，江苏人民出版社，1997。

五　福利经济学的分析方法

福利经济学的分析方法多种多样，主要包括以下五个方面，但这五个方面本身不是孤立存在的，不同方法的综合运用在福利经济学的研究中不仅重要，而且普遍存在。

（一）个人主义与集体主义

经济学方法论上的个人主义不同于一般意义上的个人主义，后者是一种强调个人自由的哲学观点，而方法论个人主义则是将个人作为科学的分析单位，在考虑个人决策的前提下来理解社会现象。方法论的个人主义要避免成为哈耶克的“伪个人主义”，后者将个人理解为脱离社会环境的孤立个体，否定了人的社会性属性①；方法论集体主义是相对于方法论个人主义而言的，它强调以社会整体结构为单位来进行分析，从人的集体性出发来展开研究，而非个人。但个人主义与集体主义没有严格的区分，因为个人来源于社会，从本质上来讲，两者是互补的，在不同程度上都包含了对方。

（二）实证与规范分析方法

正如上文讲述福利经济学属性时所强调的那样，福利经济学既是对相关因素如何影响社会福利进行分析的实证经济学，又是对某些制度、政策与措施是否应当被采纳的规范经济分析，我们在描述问题“是什么”的同时，也要解答问题“应该是”和“怎么做”，把握好客观事实和主观判断的区别。福利经济学具有实证

① 〔英〕哈耶克：《个人主义与经济秩序》，邓正来译，生活·读书·新知三联书店，2003。

和规范的两重性，不能一概而论，要在具体情况下灵活运用。

（三）演绎与归纳

演绎和归纳都是经济学的基本研究方法。演绎是从假定前提出发，经过一系列的推理得出结论，而归纳是从众多个别经验或事实的考察分析中找出答案的研究方法（李增刚，2004）；前者是从普遍到特殊，后者是从特殊到普遍。这两种方法虽然存在一定程度的差别，但在应用上却不矛盾，演绎法的前提假设离不开归纳，归纳是演绎的基础，同时，归纳的过程、目的等也离不开演绎的论证，两者互相渗透，密不可分。在福利经济学的学习过程中，我们要更加注意演绎方法的使用，因为它要求我们事先就设定好假设命题（这需要合理地运用归纳法），并通过科学的逻辑推理过程得出结论，这需要我们平日积累良好的专业素养，并注意分析问题的方法。

（四）成本—收益分析

成本收益分析是对投入产出关系进行科学的估计，由于福利经济学追求福利的最大化，而福利的最大化离不开成本和收益的比较，通过对社会经济体系、政策、方案等全部预期成本和收益的比较分析后，我们才能选出最优方案，以最少的成本投入实现最大化的福利。同时，支付意愿（Willingness to Pay，WTP）这一概念也经常应用，它是指消费者对某一商品或劳务愿意支付的价格，消费者根据单位货币购买商品或劳务带来的满足感高低，在心中形成不同等级的支付意愿，并由此购买能带来更多满足感的商品或劳务，实现最大的消费者剩余，获得更大的效益。

（五）制度分析与博弈论分析

传统的经济学理论是以“制度不变”为前提，来研究“经济人”的经济行为和规律，而制度经济学家把“制度”纳入经济学的理论研究之中，具体地、动态地解释制度对人类社会经济发展的影响，对福利经济学的研究产生了较大的影响。例如，在解决外部性的经济问题中，制度分析方法有助于从产权制度、税费、补偿等角度提出科学合理的对策和措施。

新古典经济学认为，市场是完全竞争，信息充分，市场可以自动达到一般均衡，实现帕累托最优，然而这与现实世界存在明显的偏差。在信息不对称和动态的情况下，我们要保证自身利益的最大化，就必须在复杂的局势中，考虑不同主体的预期和实际行动，选择出最合适的策略。博弈论作为当前主流经济学中的重要分析方法，也被广泛用于福利经济学的相关研究之中。

本章参考文献

［1］武晟：《人类社会发展观的演变》，《理论与改革》1997 年第 12 期。

［2］姚开建：《经济学说史》，中国人民大学出版社，2011。

［3］陈雪莲：《人类发展：评判社会发展进程的新分析框架——以近六十年来中国的发展为例》，《马克思主义与现实》2010 年第 1 期。

［4］温铁军：《“三农”问题与制度变迁》，中国经济出版社，2009。

［5］郭伟和：《福利经济学》，经济管理出版社，2001。

［6］百度百科：《功利主义》，http：//baike. baidu. com/view/588025.

htm，2012 年 4 月。

[7]〔印度〕阿马蒂亚·森：《以自由看待发展》，任赜、于真译，中国人民大学出版社，2002。

[8] 朱德米：《自由与秩序》，天津人民出版社，2004。

[9]〔英〕杰弗里·托马斯：《政治哲学导论》，顾肃译，中国人民大学出版社，2006。

[10]〔美〕约翰·罗尔斯：《正义论》，何怀宏、何包钢、廖申白译，中国社会科学出版社，2009。

[11]〔美〕罗伯特·诺奇克：《无政府、国家和乌托邦》，姚大志译，中国社会科学出版社，2008。

[12] 奚恺元等：《撬动幸福》，中信出版社，2008。

[13] 国际在线：《“幸福指数”点燃东西方变革“不丹模式”影响全球》，http：//news.163.com/11/0121/14/6QU8J05700014JB5_2.html，2011 年 1 月 21 日。

[14] 郭熙保、周军：《发展经济学》，中国金融出版社，2007。

[15] 李珍：《社会保障理论》，中国劳动保障出版社，2008。

[16]〔英〕A. C. 庇古：《福利经济学》，商务印书馆，2006。

[17] 有道词典：Eudaimonia，http：//dict.youdao.com/w/eudaimonia/#，2012 年 4 月。

[18]〔美〕汤姆·拉思、吉姆·哈特：《你的幸福可以测量》，王权、钟颂飞、王正林译，中国青年出版社，2010。

[19] 百度百科：《幸福感指数》，http：//baike.baidu.com/view/1298996.htm，2012 年 6 月 5 日。

[20] 人民网：《幸福指数与人均 GDP 倒挂　珠三角迎“收入—幸福”拐点》，http：//politics.people.com.cn/GB/70731/17102981.html，2012 年 2 月 14 日。

[21]〔美〕哈维·S. 罗森：《财政学》，马欣仁、陈茜译，中国财政经济出版社，1992。

[22] 黄有光：《福祉经济学》，张清津译，东北财经大学出版社，2005。

[23] Mishan, Ezra J: Welfare Economics: Ten Introductory Essays, New York: Random House, 1969.

[24]〔英〕亚瑟·赛斯尔·庇古：《福利经济学》，何玉长等译，上海财经大学出版社，2009。

[25]〔美〕希克斯：《价值与资本》，薛蕃康译，商务印书馆，2010。

[26]〔英〕罗宾斯：《经济科学的性质和意义》，朱泱译，商务印书馆，2000。

[27] 百度文库：《福利经济学：正义，公平，效率》，http://wenku.baidu.com/view/802bc67e5acfa1c7aa00cc62.html，2011 年 2 月 24 日。

[28] 姚明霞：《西方理论经济学研究》，中国人民大学博士学位论文，2001。

[29] 秦朔：《跨越快乐鸿沟——关于快乐的历史观察》，《南风窗》2004 年第 10 期。

[30]〔英〕弗里德里希·冯·哈耶克：《哈耶克文选》，冯克利译，江苏人民出版社，1997。

[31]〔英〕哈耶克：《个人主义与经济秩序》，邓正来译，生活·读书·新知三联书店，2003。

[32] 李增刚：《对“经济学方法论”的几点思考》，《河北经贸大学学报》2004 年第 3 期。

第二章 福利变化的评价标准

多元化的人类社会发展目标有着共同的特征，即满足人类的需要，增进人们的福利。但我们到底用什么样的标准来衡量福利的变化及其程度，从而选择更为合意的状况呢？福利经济学的一个重要内容，就是讨论评价标准界定的问题，并依据不同标准来评价不同经济状况的合意性，以便选择最理想的方案，达到福利最大化的目的。

个人福利是人们的欲望和需要所得到的满足，既包括物质需要，也包括精神需要。社会福利是个人福利的综合，它既包括经济福利，又包括非经济福利，经济福利可以直接或者间接地用货币衡量，为方便起见，福利经济学介绍衡量标准时大都是针对经济福利的。本章除了阐述被广泛引用的帕累托标准外，还要介绍各种补偿原则和效率与公平的“双重标准”。

第一节 帕累托标准

按照福利经济学家的解释，所谓最优条件就是为达到社会福利最大化所必须具备的条件。福利经济学家一般是利用无差异曲线和预算约束线求解出个人福利最大化的条件，然后再来论证在一定社会收入分配条件下，通过交换和生产得出更多人的福利最大化条件，并最终得出集体或者社会的福利最大化条件。

意大利经济学家帕累托最早提出有关最优条件的概念，经过福利经济学家的总结后，将最优条件命名为帕累托最优或者叫帕累托效率，它是庇古之后福利经济学的起点与基本命题。

一　帕累托效率

效率是市场经济的核心，是指资源在不同生产目的之间得到合理配置，使其最大限度满足人们各种需要的状态。意大利经济学家帕累托（V·Pareto）提出的帕累托效率（Pareto efficiency），又称帕累托最优（Pareto optimality），指的是这样一种情况：这时经济已不可能通过改变资源配置，在其他人（至少1人）的效用水平至少不下降的情况下，使任何别人（至少1人）的效用水平有所提高。而帕累托无效率（Pareto inefficiency）指的是这样一种情况：这时经济还可以在其他人（至少1人）的效用水平不变的情况下，通过重新配置资源，使一个人或一些人的效用水平有所提高。当存在帕累托无效率时，如果资源重新配置确实使某些人的效用水平在其他人的效用水平不变的情况下有所提高，这种重新配置就称为帕累托改进（Pareto improvement）。可见，帕累托效率又可以定义为不存在帕累托改进的资源配置状态。

由此可以得出下面的推论：如果改变社会资源的配置（意味着我们的选择、政策等发生改变）可以使每个人的处境变得比以前更好，或者在其他人的处境没有变坏的前提下，使至少一个人的处境变得比以前更好，那么，社会资源的配置还没有达到最优状态，此时改变资源配置会增加社会福利。

二 实现帕累托效率的三个条件

帕累托最优是福利经济学的核心概念之一，福利经济学的主要内容都是围绕这个概念发展、演化而来的，且这个概念作为一个价值判断已被广泛运用于经济分析中。由帕累托最优可以推论出：如果改变社会资源的配置可以使每个人的处境都变得比以前更好，或者在其他人的处境没有变坏的前提下，至少使一个人的处境变得比以前更好，这时的社会资源配置就还没有达到最优状态，就应该改变社会资源的配置。为促使社会经济福利达到最优化，帕累托最优必须满足三个条件：交换的帕累托最优，生产的帕累托最优，以及生产与交换的帕累托最优（最高条件帕累托最优）。

（一）交换的帕累托最优

交换的帕累托最优条件，是指消费者之间商品的最优分配。在求解交换的帕累托最优之前，必须做一个假设：每一个交换参与者的商品禀赋是外生的，这样我们就仅仅考虑市场消费者之间怎样来交换这些商品禀赋而不用涉及生产问题。福利经济学家所说的交换的帕累托最优条件，是指两个消费者根据各自对商品的偏好通过交换达到一种均衡状态，在这种均衡状态下，两个消费者不能再通过交换来增加各自的效用，或者在不损害一方的情况下，增加另一方的效用，这种均衡状态就是帕累托最优。为了求解交换的帕累托最优，福利经济学家常常利用埃奇沃斯盒形图（Edgeworth box）作为分析工具。埃奇沃斯盒形图于1881年由埃奇沃斯（Edgeworth，又译“埃奇沃思”）发明使用，可以非常简单地用来分析两个人之间的两种商品的交换，它是通过在图上描述两个人的商品禀赋，以及对商品的偏好，并借此分析交换的各种各样的结果，最后得出最优的结果。

假设有A、B两个消费者，有X、Y两种商品。消费者A、B分别持有一定量的X、Y两种商品，并组成不同的无差异曲线（见图2－1），也称等效用曲线，如UA_1、UB_1。同时，我们引入初始商品禀赋这一条件，即所有消费者所消费的商品的总数不能超过其总的商品禀赋，如果消费者所消费的商品的总数等于其总的商品禀赋，这种配置就是可行配置。引入初始禀赋的目的在于为交换限定条件。在可行配置的条件下，两种商品X、Y在A、B两人之间怎么分配才能使双方总效用最大呢？如图2－2所示，我们用埃奇沃斯盒形图表示两消费者进行商品交换。

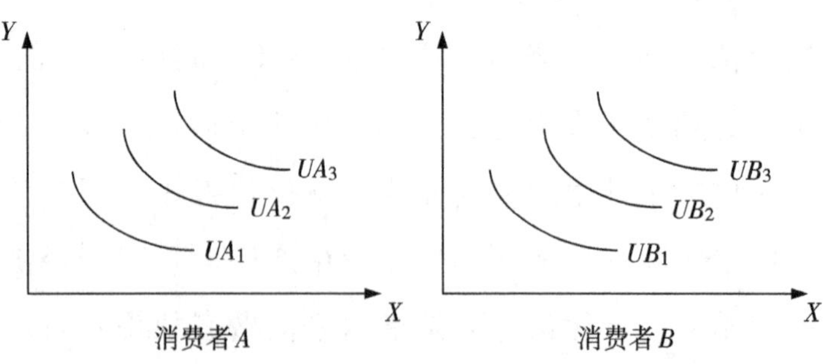

图2－1　消费者A、B的无差异曲线

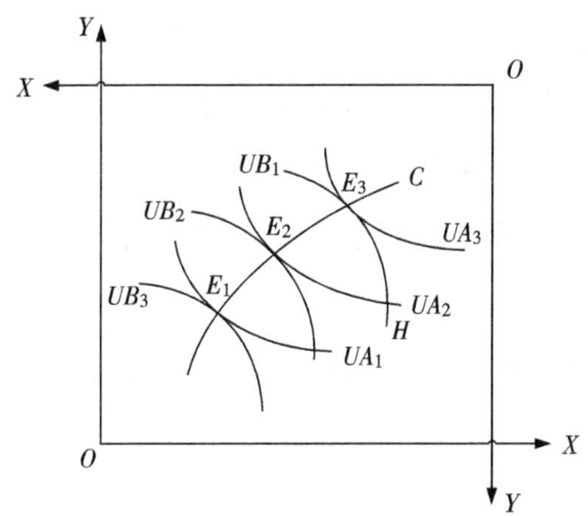

图 2－2　交换的埃奇沃斯盒形图

埃奇沃斯盒形图可以视为消费者 A 的无差异曲线图和 B 的无差异曲线图的对称，或者理解为将消费者 B 的无差异曲线图旋转 180 度后再与 A 的无差异曲线图重叠。在埃奇沃思盒形图中，方形的长和高，分别代表 A、B 两个消费者所拥有的两种商品的总量，图中各点表示两种商品的总供给量在两个消费者之间的配置状态。

福利经济学认为，交换达到帕累托最优的点，一定是在消费者 A 的无差异曲线和消费者 B 的无差异曲线的切点上，比如图 2－2 中的 E_2 点，就是交换的帕累托最优点。在 E_2 点上，不能在不减少 B 的效用的情况下增加 A 的效用，也不能在不减少 A 的效用的情况下增加 B 的效用，也就是说，已经不能使得各方的境况同时变得更好，消费者不能进一步做互利的交易，交换已经达到了帕累托最优，E_2 点就称为帕累托有效率配置点，而 H 点就是帕累托无效率配置点，从 H 到 E_2 的过程就是帕累托改进。由此可见，在 E_2 点，当 $MRS_A = MRS_B = P_X/P_Y$ 时，即任意两种商品之间的边际替代率相同，并都等于两种商品的价格比时，这两个消费者的效用都达到最大化，交换停止，实现均衡。

对于消费者 A 和 B 来说，各有无数条无差异曲线，必然会存在着无数个两条无差异曲线的切点，自然存在着无数个帕累托有效率配置点，把所有帕累托有效率配置点连接起来的曲线叫做交换契约线（Exchange Contract Curve），即图中的 C 曲线。所有的帕累托有效率配置点的集合也叫帕累托集。

帕累托集有无数个帕累托有效率配置点，而在现实生活中，帕累托有效率配置点的位置和消费者双方的初始商品禀赋有关，即初始商品禀赋会影响最终的帕累托最优点，此时，初始商品禀赋起到了消费约束线的作用。另外，埃奇沃斯盒形图描述了两个消费者的初始商品禀赋、消费束以及偏好，对于交换来说，这包含了所有的市场交易特性。当然里面还隐藏着很多信息，最为重要的一点是，信息是完全的并且是对称的，这样消费者 A 不仅了解自己的商品、偏好、市场策略，而且也了解消费者 B 的商品、偏好、市场策略，消费者 B 也是如此，这样我们可以说 A 和 B 具有 Common Knowledge（彼此都知道的常识），这样我们才可以在埃奇沃斯盒形图上表示交换的帕累托最优。

（二）生产的帕累托最优

生产的帕累托最优主要是指生产要素的有效配置，是生产者之间投入的最优配置，研究在一定的技术条件下通过合理分配资源，使得社会生产的效率达到最大化，这里的效率最大化是指不能在不减少一种商品生产的情况下增加另一种商品的生产。同样，我们可以借助埃奇沃斯盒形图进行分析。

假设有 A、B 两个生产者，仅仅需要 L，K（L 一般代表劳动力，K 一般代表资本）两种生产要素，分别生产 X，Y 两种产品。如图 2－3 所示，凸向原点的曲线 X_1、X_2、X_3 都是生产者 A 生产 X 商品的等产量线，凸向原点的曲线 Y_1、Y_2、Y_3 都是生产者 B 生产 Y 商品的等产量线。那么，A、B 两个生产者，利用两种生产要素 L 和 K 生产两种不同种类的商品 X、Y，如何分配他们的生产要素，从而实现产量的最大化呢？

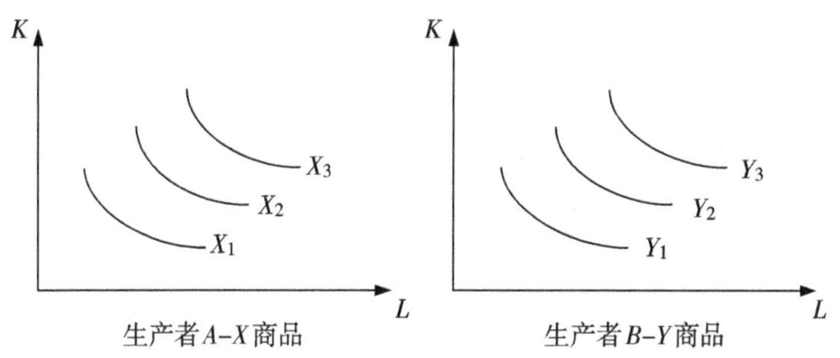

图 2－3 生产者 A、B 的等产量曲线

我们知道，在资源一定并且其他商品产量不变的情况下，用一定的资源生产 X 与 Y 两种商品，随着生产的商品 X 的增加，生产商品 Y 的资源必然减少。如果两种要素 K 和 L 之间的边际技术替代率是不同的，我们就能在不降低一种产品生产的情况下增加另一种产品的数量。在两个生产者使用两种生产要素生产不同产品的情况下，当生产者的两种要素投入之间的边际技术替代率相同时（$MRTS_A = MRTS_B$），产量达到最大化，实现了要素的最优配置。

通过埃奇沃斯盒形图（见图 2－4），我们可以很容易看出生产的帕累托最优配置点：两个生产者等产量曲线的切点，例如 E_1、E_2 和 E_3。H 点就是帕累托无效率配置点，从 H 点到 E_2 或 E_3 点的过程就是帕累托改进。在最优配置点上，生产者 A 生产 X 商品的两种生产要素的边际技术替代率，等于生产者 B 生产 Y 商品的两种生产要素的边际技术替代率。

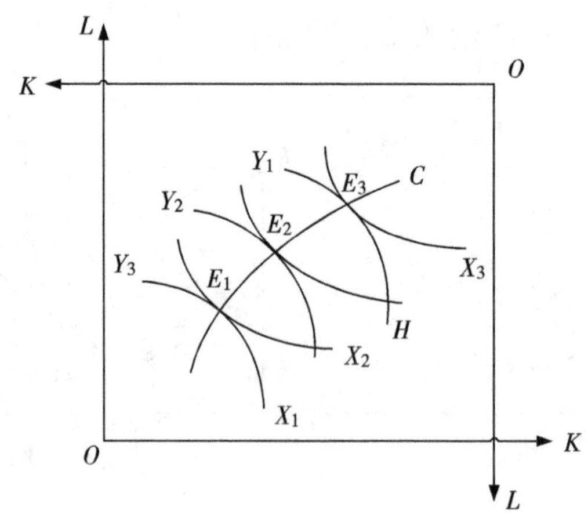

图 2－4　生产的埃奇沃斯盒形图

同样，对于生产者 A 和 B 来说，各有无数条等产量曲线，必然会存在着无数个两条等产量曲线的切点，即生产的帕累托有效率配置点，而把所有帕累托有效率配置点连接起来的曲线就是生产契约线（Product Contract Curve），即曲线 C。当我们取生产契约线上的每一点时，就可得到相应的最优产出，所有最优产出的集合用几何表示就是生产可能性曲线，曲线内所有点的集合就是生产可能性集合。

（三）生产与交换的帕累托最优

分别分析完交换和生产的帕累托最优的条件后，我们再将生产和交换联系在一起，分析不同生产者间的要素配置和消费者之间的商品分配都达到最优状态时，社会福利最大的情况。

单纯分析交换的帕累托最优时，假设商品 *X* 和商品 *Y* 的数量是给定的，这样消费者 *A* 和消费者 *B* 自由交换，在契约曲线上达到最大的消费束集。而在实际社会中，商品的数量是由厂商的生产决定的，并且由于受技术和生产要素等因素的制约，厂商一定在生产可能性集合内进行生产。要同时满足交换和生产的帕累托最优，现在我们只需要考虑，生产可能性曲线上的哪个点是帕累托最优的。借助图 2－5，可以比较直观地找到这个点。

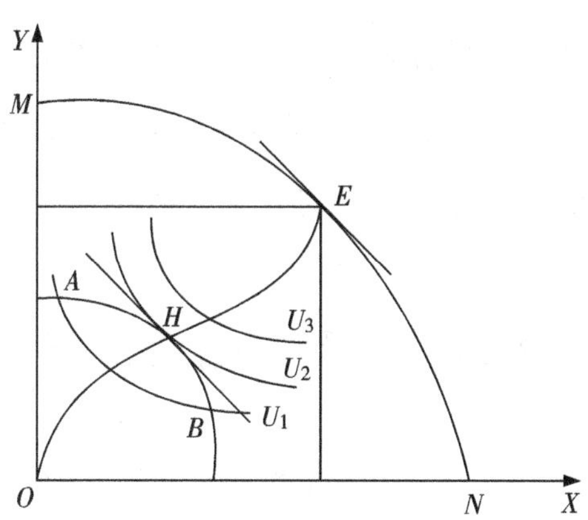

图 2－5　生产和交换的埃奇沃斯盒形图

根据前面的知识，如图 2－5 所示，一方面，*E* 点只是生产可能性曲线上任意一点，代表生产的帕累托最优，另一方面，*E*

点表示一对产出的最优组合。如果从 E 点出发分别引一条垂线到 X 和一条水平线到 Y，则得到一个矩形，该矩形恰好是交换的埃奇沃斯盒形图：它的水平长度和垂直高度分别表示两种产出的给定数量。现在可以在埃奇沃斯盒形图内讨论交换的最优，盒形图内存在一条交换的契约曲线，契约曲线上的点都代表交换的最优。但是，契约曲线上的点的斜率，有的和 E 点的斜率相同，有的和 E 点斜率不同。最高条件的最优意味着，契约曲线上所选择的点上的无差异曲线的斜率，正好等于最大生产可能性曲线在 E 点的斜率，通过观察发现，在契约曲线上只有 H 点能满足这一要求。契约曲线与生产可能性边界的交点 E 点，就是生产的帕累托最优点，也就是均衡生产点；在契约曲线上，斜率与经过 E 点切线斜率相等的点 H，为交换的帕累托最优点，也就是帕累托最优的均衡消费点，在这一点上，任何两种商品之间的边际替代率，均与任何生产者在这两种商品之间的边际产品转换率相同，即 $MRS_{XY}=MRT_{XY}$。而 A、B 两点是指生产者还可以继续调整生产投入组合来满足更多的消费需求，此时还没有达到帕累托最优的状态。

第二节　补偿检验标准

一项经济政策的出台，很可能使某些人的处境改善一些，同时使另外一些人的处境变坏一些，帕累托最优标准在现实生活中很难达到。因此，西方福利经济学家们认为，帕累托标准太苛刻，不具有广泛的适用性，应该予以改进和修补，进而提出了福利的补偿问题。

一　卡尔多补偿原则

卡尔多1939年发表论文“经济学福利命题与个人之间的效用比较”，提出了“虚拟的补偿原则”作为其检验社会福利的标准，这一福利补偿标准不涉及个人间比较，前提是所有的政策都能够在一致同意的条件下实现。[①] 他认为，市场价格不断变化，这必然会影响人们的福利状况，有人受损，有人受益。然而，只要总体上益大于损，就表明总的社会福利增加了，简言之，卡尔多的福利标准是看变动以后的结果是否得大于失。

例如，在一个原来不许养狗的区域里，一部分人很想养狗，对养狗带来的福利评价为每年10000元，而另一部分不想养狗的人，对养狗的福利评价为每年－4000元。由于想养狗的福利补偿不想养狗者的损失而有余，即10000减去4000还剩6000元，总的福利是增加的，就可认为“允许养狗”这一项改变是增进了社会福利的。

但是，卡尔多的福利标准只是理论上的虚拟补偿，现实中得利者并没有对受损者进行补偿。同时，李特尔在对卡尔多的补偿标准进行评价时认为，卡尔多福利标准的核心在于总收入的增长，是一种财富增加的理论，[②] 而这种“只要能使财富增加的制度或者变革都是好的”观点显然是片面的。

---

① 智库·百科：《卡尔多补偿原则》，http://wiki.mbalib.com/wiki/%E5%8D%A1%E5%B0%94%E5%A4%9A%E8%A1%A5%E5%81%BF%E5%8E%9F%E5%88%99，2012年6月。

② 〔英〕李特尔：《福利经济学评述》，陈彪如译，商务印书馆，1980。

二　“卡尔多—希克斯”标准

希克斯在支持卡尔多补偿原则基本观点的基础上，认为卡尔多补偿原则是一种假想的补偿，而不是真实的补偿。为此，希克斯进一步提出了一个姐妹标准，作为对卡尔多福利标准的补充：如果受损者不能从贿赂受益者以反对社会状况变化中获利，则这就是一种社会福利的改进。此外，希克斯还提出另一种“长期自然的补偿原则”。他认为，判断社会福利的标准应该从长期来观察，只要政府的一项经济政策从长期来看，能够提高全社会的生产效率，尽管在短时间内某些人会受损，但经过较长时间以后，所有的人的境况都会由于社会生产率的提高而“自然而然地”获得补偿（郭伟和，2001）。

后来的学者们认为，“卡尔多—希克斯”标准过于笼统，对社会政策的评价不确定。例如，在前述养狗例子的基础上，当该区域允许养狗后，所养狗的数量大大增加了，但人们的偏好也逐渐在改变。养狗者对养狗的评价变成了每年 4000 元，而不想养狗的对养狗的评价变成了每年 -10000 元。此时，若按照卡尔多的标准，人们又应该禁止在该区域内养狗了，因为这样才符合福利最大化，所以这就存在着符合“卡尔多—希克斯”准则的改变回去的可能性，即这样两种状态的互变都可以称为“改善”，由此就出现了矛盾。

同时，希克斯标准的问题还在于时间的长短，在世代交叠的现代宏观经济模型中，一项政策很可能使得上一代人受损，下一代人收益，那么，即使给下代人带来的收益大于给上代人带来的损失，在不涉及人际效用比较的情况下，从公平角度来看，这是很难接受的，此时，希克斯的补偿标准存在着偏差。[①]

三　西托夫斯基补偿原则

西托夫斯基认为，上述卡尔多原则和希克斯原则仅适合于顺向检验，而不能进行逆向检验。因为，仅仅进行顺向检验并不可能做出社会福利是否改善的结论，而只有同时做出逆向检验时，即做双重检验时才能判断社会福利是否改善了。[②]

为此，西多夫斯基把依据“卡尔多—希克斯”准则的福利检验称为顺检验，并在此基础上提出一项逆检验：B不能用所得补偿A的损失而有余，以重新改回原来的状态。同样，按照上述的例子，就可以理解为，如果养狗后的偏好改变为：想养狗者对养狗的评价为每年8000元，不想养狗者对养狗的评价为每年-6000元，那么，就不仅可以通过西托夫斯基所说的顺检验，也可以通过逆检验。

西托夫斯基认为，只有卡尔多标准和希克斯标准同时满足，才算是社会福利的改进。也就是：当有的人受益，有的人受损，且受益的程度足以补偿受损的程度（卡尔多标准），受损者不能从贿赂受益者以反对社会状况变化中获利（希克斯标准），此时，才算是社会福利的改进（郭伟和，2001），这就是西托夫斯基的

① 〔美〕罗默：《高级宏观经济学》，王培根译，上海财经大学出版社，2009。

② 百度文库：《福利经济学沿革》，http：//wenku. baidu. com/view/f82f34d6195f312b3169a531. html，2012年4月。

补偿检验标准。但批评者认为，这一标准把实证问题和规范问题分开，把公平问题和效率问题分开，[①] 也存在不足。

四　李特尔补偿原则

李特尔在“卡尔多—希克斯”福利补偿标准、西托夫斯基福利补偿标准的基础上，进行了补充。李特尔一方面并不否定前者的补偿检验理论，同时又指出福利补偿检验不应该回避收入分配问题，只有在假想补偿检验的基础上，再加上实际补偿才能使得福利的标准成为充足的标准。

李特尔认为，应该在上述三个补偿原则的基础上再加上一个收入分配标准，即三重检验标准，只有这样，才能使增加福利的标准成为充足的标准。李特尔标准是：第一，卡尔多—希克斯标准满足了吗？第二，西托夫斯基标准满足了吗？第三，任何再分配都是适当的或都是糟糕的吗？李特尔认为，上述第一和第二条是判断福利是否增加的必要条件，第三条是充分条件。[②] 李特尔福利补偿标准其实是庇古的收入分配理论的延续。

然而，人们在追求“效率”目标的过程中发现，通过帕累托标准及其补偿检验标准实现最优，在实际生活中是不可能的，因为最优条件是最优型经济中的决策法则，即在最优世界中才能采取最优决策法则，这仅仅是一种纯理论的表述，要让所有的生产

① 百度文库：《福利经济学沿革》，http：//wenku. baidu. com/view/f82f34d6195f312b3169a531. html，2012 年 4 月。

② 百度文库：《福利经济学沿革》，http：//wenku. baidu. com/view/f82f34d6195f312b3169a531. html，2012 年 4 月。

和分配过程都符合帕累托最优，满足补偿检验标准条件是不现实的，于是就出现了次优和第三优的问题。

次优条件是次优型经济中的决策法则，即在次优世界中才能采取次优决策法则。持次优理论观点的经济学家认为，如果社会达不到最优福利位置，那么，离开所有可能达到的最优位置，那就可能是次优位置（厉以宁、吴易风、李懿，1984）。如果社会要达到最优需要很多条件，而现在的福利结论不符合某一个帕累托最优条件，要使得资源配置达到最好的状态，就不需要其他所有的条件都符合帕累托最优条件了，这时的最优配置就是次优配置，次优是相对于帕累托最优来说的。

而华裔经济学家黄有光认为，最优理论和次优理论都忽略了信息成本问题，信息成本实际上是系统中一个非常重要的变量，如果将信息成本考虑在内，那么，最好的决策既不是最优，也不是次优，而是第三优。这样，黄有光教授提出了他的第三优理论。正如他所说："最优和次优世界实际上并不存在。"① 虽然次优被认为是"最优可行的"（Optimal feasible），但我们若考虑行政管理的费用和信息的不足，它实际上就不是最优，也不是可行的；而真正可行中的最优者，可被称为第三优。黄有光把存在扭曲与信息成本的状态称为三优世界，在三优世界应该采用第三优法则。

① 黄有光：《福祉经济学》，张清津译，东北大学财经出版社，2005。

第三节 效率与公平的“双重标准”

前面两节介绍的帕累托最优和相关的补偿标准，基本上是从效率的角度来探讨福利的最大化问题，然而，尽管契约线的每一点都是帕累托最优，但并不意味着“公平”。由于效率和公平都是经济政策的重要目标，在选择最优方案时，我们必须做到两者的兼顾。

一 效率标准

（一）效率的含义

效率有两个基本的层次，一是狭义上的资源运用效率概念，划分为生产的技术效率和生产的经济效率；二是资源配置效率，或指经济制度的效率。所谓经济效率是指人们在配置与使用资源上的效率，它要求在不同的生产目的之间合理地分配与使用资源，最大限度地满足人们的各种需要；而资源配置效率就是经济活动中各种资源在各种不同的使用方面和方向之间，分出轻重缓急，决定生产的最佳种类和数量，并寻求一种最佳分配方式，从而使社会福利达到最大化，社会达到最佳状态。[①] 简单地说，效率也可以被解释为社会资源配置中投入与产出、所费与所得的对比关系，能以最少的资源消耗取得最大的产出成果，就称之为资源配置效率高，反之，称之为资源配置效率低。

---

① 百度文库：《一般均衡与帕累托（Pareto）最优》，http：//wenku. baidu. com/view/ed126145b307e87101f69631. html，2012 年 4 月。

（二）效率的衡量

帕累托标准是福利经济学重要的效率标准，同时，经济学家常用社会总剩余作为衡量经济福利的效率标准，而社会总剩余的计算又离不开消费者剩余和生产者剩余（见图2－6）。

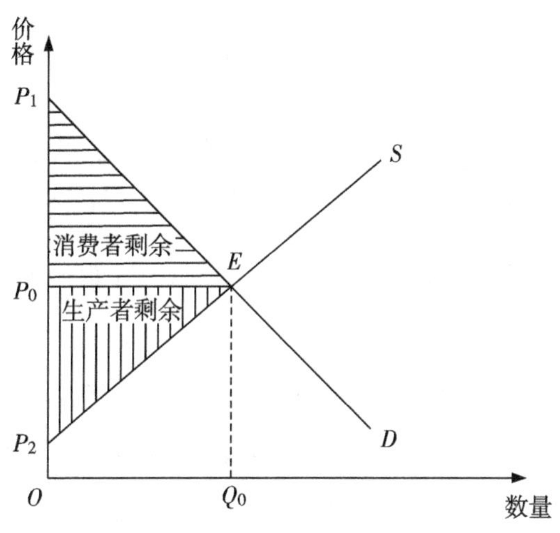

图2－6　社会总剩余

所谓消费者剩余，是指消费者在交易中能感受到的经济福利，它等于买者的支付意愿减去买者的实际支付量，即买者的评价减去买者的支付，是量化了的消费者得到的经济福利，由图2－6可知，E点为供给曲线S和需求曲线D形成的市场均衡点，此时均衡价格为P_0，均衡量为Q_0，当消费者的预期价格在P_1，而实际价格却在P_0时，消费者剩余就是需求曲线和市场均衡价格之间的面积；同理，生产者剩余是指生产者在交易中能感受到的经济福利，它等于卖者卖出物品得到的收入减去生产成本，即卖者的收入减去卖者的成本，是量化了的生产者得到的经济福利，是供给曲线与市场均衡价格之间的三角形区域；而将消费者剩余和生产者剩余相加就得到了社会总剩余，它等于买者的评价减去卖者的成本。社会总剩余是衡量社会福利的重要指标，社会总剩余较大，说明某种政策或方案更有效率。

二　公平标准

当通过效率标准将社会经济发展的蛋糕做大后，如何分配也影响着人们对幸福的感知。公平、公正和平等是现代社会发展中重要的概念，三者之间存在显著的差别，例如公平强调的是衡量标准的同一性，具有明显的“工具性”特征；公正侧重社会的基本价值取向，它强调的是一种正当性；而平等更多的是一种理想状态。但是，由于这三个词语都来源于西方，在福利经济学中，公平、公正和平等之间经常并没有绝对的界限，有时候还互换使用。所以，本书不是在谈公平时仅谈公平，而是将平等、公正等都纳入到公平衡量的标准之中。

（一）公平的含义

公平，一般是指人们从既定概念出发对某种现象的评价，公平一般不带有明显的价值取向，带有中性和工具性的特点，在不同时代、不同国家、不同阶级，以及不同的个人，都有不同的公平观。福利经济学中所说的公平，是一个哲学意义多于科学意义的概念，① 例如，以下几个方面就反映了人们对公平的不同理解。

① 百度文库：《福利经济学沿革》，http://wenku.baidu.com/view/f82f34d6195f312b3169a531.html，2012 年 4 月。

1. 经济公平和社会公平

在经济学研究中，公平通常是和分配相联系的一个概念，可以从两方面理解，一是生产要素投入和所得之间的对比关系；二是社会成员对收入分配差距的心理承受能力。前者称之为经济公平，后者称之为社会公平（林克昌，1994）。

2. 结果公平和过程公平

结果公平是指生产成果在分配上的均等性，个人之间收入分配差距越大就越不公平，反之就越公平。例如，有人认为，“平等的理想只能通过收入的完全平等才可以实现”，就说明了结果公平，强调的是社会成员之间收入份额的相对关系；反之，过程公平是指，只要规则公平，得到的结果就是公正的。

但是，结果公平的观点并不完全，我们还需要考虑：（1）平等的基本单位。“平等”所要求的收入完全平等，还取决于是以家庭还是个人为单位，比如所得税的缴纳是以家庭还是个人为单位；（2）个体的需要。每个家庭或个人的需要并不相等，因而满足需要的收入也不相同；（3）劳动的复杂程度。有些工作（如科学家、艺术家复杂的脑力劳动）需要付出较大的代价（受教育程度较高，投资多，花费的时间和实践也较多），若不多付工资就不能算平等；（4）工作带来的乐趣与享受。如果将平等定义为货币收入平等，就会忽略其他工作要素所带来的精神满足，如摄影师和搬运工这两种职业的“精神收入”可能存在很大的差别。

3. 天赋高低与收入平等

每个人的劳动速度和质量是不一样的，有人认为，平等的收入本身就是不平等的表现，只有让天赋高的人得到比天赋低的人更多的收入才是平等的表现；有的人则与前者针锋相对，认为如果天生就有某种天赋的人（如拥有美妙歌喉的歌星）获得较高的收入，而没有天赋却努力付出的人获得较低的收入，这才是不平等的表现。

4. 机会平等

这是一种介于完全平等标准与市场标准两者之间的平等标准。例如，有人主张，政府应创造条件，保障人人参与比赛的机会平等，而不是让参与者本身平等。

（二）福利经济学的公平理论

1. 福利主义的公平原则

罗尔斯、伯格森、萨缪尔森等人认为，帕累托标准完全忽略了效率以外的其他应该考虑的因素，例如公平正义，这使得帕累托标准在评价经济政策和社会状态时有很大的局限性。除了公平的原理外，社会福利函数也试图指出社会所追求的目标是什么，应该怎样考虑和社会目标相关的因素。社会福利函数描述的是社会福利与社会个体成员的福利之间的关系，$W=W(U_1, U_2, \cdots, U_n)$，一般用 W 表示社会福利，其中 U_n 代表第 n 个人的效用水平，而其具体形式取决于社会伦理观念和经济学家所推崇的不同的价值判断标准。下面介绍通过引入道德价值判断，对帕累托标准进行改良，从公平角度对如何实现福利最大化的探讨。

（1）庇古的功利主义。庇古认为，福利是由效用组成的，人们追求最大的效用，就是追求最大的福利，要增加社会福利，除了使国民收入最大化外，还要使收入均等化。由于存在边际效用递减规律，富人拥有的货币量越多，其边际效用就越少；而穷人拥有的货币量少，因此富人的收入边际效用低于穷人的收入边际效用。所以，庇古认为，只要通过收入转移，就能促使社会总福利的增加。

（2）自由主义分配哲学。自由主义分配哲学，又称最小效用最大化，或罗尔斯社会福利函数，该函数可以表示为 $W = Min(U_1, U_2, \cdots, U_n)$。罗尔斯认为，富者的一个单位效用与穷者的一个单位效用不是等价的，一个社会应重视穷人的效用，社会福利水平直接由一个社会中情况最糟的那个人的福利水平来决定。社会追求的目标应是让社会最弱小者的效用最大化，强调关注世界上最不幸的人。

罗尔斯社会福利函数的目的，在于使得状况最差的人的社会福利最大化。为了解释这个问题，罗尔斯引入了“无知之幕”（veil of ignorance）的概念。[①] 无知之幕也称无知面纱，是罗尔斯在正义论中提出的，他认为如果所有的社会参与者在对自己的特性、能力、宗教信仰、所处的社会经济条件、政治状况、个人的社会身份，以及阶级地位一无所知的情况下进行选择，由于每个人都是理性的，他们无论在任何情况下都追求基本的善，并且每个人又是风险规避者，那么，他们都会更加公正地做出选择，选择的结果也更加公平，每个人都同意将社会产品和利益进行平均分配。如果不是平均分配的话，也要使得分配的结

① 〔美〕约翰·罗尔斯：《正义论》，何怀宏、何包钢、廖申白译，中国社会科学出版社，2009。

果，让福利最低者的个人福利能够得到改善，达到最大。因为在无知状态下，每个人都有可能成为福利最低者，每个人又是风险规避型的，他们认为公平就是正义，就是使得最差者状况得到改善。

（3）折衷主义。折衷主义是介于功利主义与罗尔斯主义之间的社会福利观点，它认为富人一单位效用的社会价值小于穷人一单位效用，但它又认为富人一单位效用的社会价值只要大到一定的程度，总可以等同于穷人一单位的效用。[①]

（4）平均主义。平均主义认为，社会福利水平取决于社会成员效用水平的相对关系，而与各社会成员的效用水平绝对高低没有任何关系，即$U_1=U_2=\cdots=U_n$。只要人们的效用水平都相等，就达到了分配上的理性状态。平均主义所追求的目标是分配上的绝对平均。

（5）功利主义社会福利函数。功利主义社会福利函数把社会福利看作社会成员福利的简单加总，利用的是连加法，即$W=U_1+U_2+\cdots+U_n$，社会福利水平等于社会所有成员的效用之和，不管社会的贫富差距如何，每个社会成员的每一单位效用是同等重要的，一个社会应追求社会总效用的最大化。

（6）贝尔努利—纳什（Bernoulli－Nash）社会福利函数。贝尔努利—纳什福利函数是另一种形式的效用主义社会福利函数，采用的是连乘法，其形式为$W=U_1*U_2*\cdots*U_n$，社会的福利水平是社会所有成员效用的乘积（姚明霞，2005）。

① 百度百科：《折衷主义》，http：//baike. baidu. com/view/136416. htm，2012 年6 月。

（7）伯格森—萨缪尔森（Bergson - Samuelson）社会福利函数。伯格森—萨缪尔森社会福利函数是一种具有实际值的函数。在这里，W 仍然是用序数表示的，$W=W(U_1, U_2, \cdots, U_n)$，$U$ 又是由消费、收入、劳务所提供的生产要素，甚至利率水平、国家宏观经济政策、天气变化等因素共同决定的，我们称这些变量为实值变量。这样伯格森—萨缪尔森社会福利函数，就由所有影响福利的实值变量 X_i 决定，即 $W=(X_1, X_2, X_3, X_4, \cdots, X_n)$。伯格森—萨缪尔森社会福利函数是一般化的函数，提供了社会福利函数结构的框架，里面并没有加入过多的道德价值判断，很多其他具体的社会福利函数是在伯格森—萨缪尔森社会福利函数的基础上加入道德价值判断形成的。

（8）阿罗社会福利函数。阿罗对具体的伯格森—萨缪尔森社会福利函数进行研究，阿罗社会福利函数值正好对应于一种伯格森—萨缪尔森社会福利函数。阿罗探究的核心在于，是否存在通过个人的偏好顺序排列出社会偏好顺序的社会决策规则，即能不能用个人偏好加总成社会偏好。1951 年，阿罗提出了著名的阿罗不可能定理（Arrow's impossibility theorem），证明在限定条件下，社会福利函数是不存在的，即不可能从个人的偏好，合理地推出有规则的社会偏好。

2. 非福利主义的公平原则

（1）诺齐克（Nozick）的公平理论。诺齐克的公平理论，又称为自由意志主义分配哲学，他对罗尔斯的“无知之幕”进行了评判，认为如果在什么都不知道的前提下，是不可能进行有效分配的。诺齐克强调过程公正、机会均等，他认为衡量公平的标准不是效用的大小，而是对个人权利的尊重；衡量分配公平与否，不应该从结果的角度来考虑，而应从过程的角度，即每个人的机会是平等的，过程的程序和形式等也是公平的，此时产生的结果就算不平等也是合理的，人的收入结果由其自己的意志负责。因此说，与罗尔斯的公平理论不同，诺齐克认为权力要大于“善”（陈志，2007）。

（2）嫉妒平衡的公平理论。从嫉妒角度研究公平的经济学家，主要有范里安、丹尼尔、弗利等。范里安认为，如果在分配中，没有一个人羡慕另外的人，那么，这种分配就是平等的，如果这种分配既满足平等又具有效率，那么，就可以说这种分配实现了公平。① 弗利认为，一个人在分配中获得的收入效用如果低于与他位置相同的其他人的收入效用，这个人就会对其他人产生妒忌，如果一种分配不产生任何妒忌，那么，这种分配就是无妒忌的分配，也就是公平的分配。丹尼尔在弗利公平观基础上进行了延伸，他认为，在一种分配中，如果嫉妒某人的人数等于被此人嫉妒的人数，那么，这个人就可以被认为是在这种分配状态下是平衡的。如果在某种分配状态下，人人都在嫉妒上是平衡的，那么，这种分配就被认为是均衡的。丹尼尔把嫉妒上均衡的分配，叫做正义的分配或者公平的分配（李松龄，2002）。与平等的收入分配观不同，弗利、丹尼尔等人不是用收入这个相对客观的量来衡量公平的程度，而是用效用这个主观性更强的词来说明公平。每个人的收入效用函数都是不相同的，同样的收入分配水

① 〔美〕哈尔·R. 范里安：《微观经济学：现代观点》，费方域等译，上海人民出版社，2006。

平，给不同个体所带来的效用水平可能是不同的。

（3）森的公平理论。阿马蒂亚·森认为，消费者使用商品而产生的效用，并不能真正反映一个人的福利，还需要把其他许多非物质因素考虑进来。[①] 他提出了“功能”和“潜能”两个概念，前者是指商品给人们带来的一些功能实现，如健康、受人尊敬等；后者是指实现这些功能的可能性，例如，一个人可能不健康，但他拥有健康的权利并受法律的保护。森将物质消费和个人权利等其他因素联系起来，提出在评价福利的指标时，还必须考虑物品的“功能”和“潜能”，例如，人们的健康、参与社区活动的权利、受人尊敬等。森的理念在贫困和人类发展指标评价中都得到了体现。

（三）公平的衡量

1. 贫困指数

贫困指数是一种常用的衡量社会收入分配公平程度的指标，它等于处于贫困线以下的人口数占总人口的比例。计算贫困指数的关键，是先要选择一个适当的收入水平为贫困线。

2. 洛伦茨曲线

洛伦茨曲线是衡量一个经济社会收入分配公平程度的重要工具，通过它可以直观地看出一个国家收入分配的平等状况。它将社会成员按收入从低到高排列，从穷者到富者排列的人口百分比和与之所对应的收入百分比之间所呈现的函数关系构成了洛伦茨曲线。

---

① 〔印度〕阿马蒂亚·森：《以自由看待发展》，任赜译，中国人民大学出版社，2002。

3. 基尼系数

洛伦茨曲线与绝对平等线围成的面积，同绝对平等线与绝对不平等线围成的三角形面积的比例被称为基尼系数。它的取值范围在 0 和 1 之间，数值的大小反映了收入分配结果的公平性程度，0.4 普遍被认为是收入分配差距的“警戒线”，一般发达国家的基尼系数都在 0.24 至 0.36 之间，而 2010 年，中国大陆的基尼系数已经超过了 0.5,[①] 可见当前我国人们的收入分配不公，财富差距很大，已经越过了“警戒线”。

4. 森的贫困指数

阿玛蒂亚·森认为，使用贫困指数方法测量贫困程度，是把贫困当成收入低的结果，但贫困的真正含义应该是穷人缺乏创造收入的能力和机会。因此，森设计了新的贫困指数，即 $P = H[I + (1-I) * G]$，其中，H 为贫困人口的百分比；I 是平均贫困距（即贫困人口的平均收入与贫困线的距离）与贫困线的比率，$0 < I < 1$；G 为基尼系数。他将贫困人口的数量、收入以及收入分布有机地结合起来，用以测量国家的贫困程度，已逐渐被不同国家特别是发展中国家应用。

三　效率与公平的兼顾

在福利经济学中，作为公平的替代词平等，它和效率是一对

① 丛亚平、李长久：《收入分配四大失衡带来经济社会风险》，《经济参考报》，http：//jjckb.xinhuanet.com/gnyw/2010 - 05/21/content_ 222413.htm，2010 年 5 月 21 日。

矛盾现象，即它们是“双重标准”。[①] 如果一味强调经济规则的公平，片面追求效率，恰恰会导致竞争结果的不公平，甚至导致政治上实际权利的不平等；而一味追求分配结果的公平，势必损害人们追求效率的积极性，造成社会整体福利损失。例如，美国经济学家阿瑟·奥肯（Arthur Okun）提出了著名的“漏桶”原理，它就是指当政府从富人那里收取税收，进行转移支付时，穷人实际得到的少于富人失去的，中间的差额“漏掉”了，可见税收带来了无谓损失，在追求平等的过程中损害了效率。因此，在经济“平等”与“效率”之间，有一种互为代价的“替换关系”，难以两全。为了追求平等，就得牺牲效率；为了强调效率，就需要保持收入的差距。这一矛盾在福利经济学中被称为平等与效率的交替。[②] 那么，我们在对公平与效率进行选择时，是追寻效率优先，兼顾公平；或公平优先，兼顾效率；还是公平与效率兼顾呢？

在对效率和公平的理解上，狭义的效率是指在资源固定的情况下生产更多的产品，公平指的是社会资源的合理分配。可见，尽管效率与公平存在相互替代的关系，但两者之间也具有一致性，即效率是公平的前提，公平是效率的保障，没有效率带来的物质基础，就没有公平下资源的合理配置，没有公平带来的机制保障，就没有人们追求效率提高的源头与动力，所以两者应该兼顾。

古典经济学家认为，市场经济所追求的公平应该是规则公

① 百度文库：《福利经济学沿革》，http：//wenku. baidu. com/view/f82f34d6195f312b3169a531. html，2012 年 4 月。

② 百度文库：《福利经济学沿革》，http：//wenku. baidu. com/view/f82f34d6195f312b3169a531. html，2012 年 4 月。

平，机会平等，而不是结果公平，公平的实现不能以牺牲自由为代价。他们认为，应该坚持效率优先，市场机制是一种机会均等和自由竞争的机制；马克思主义者则认为，公平多是指一种分配结果的公平，与效率相比，他们更加重视分配结果的平等。

针对有的经济学家认为效率更加重要，有的伦理学家认为更应该兼顾公平，在这里介绍一种评价福利标准的新规则：无论是否实现了帕累托最优或者是否更加兼顾公平，只要社会中多数主体在自愿选择下认为福利改进了，那么，就可以认为社会的整体福利水平得到了提高，这就是多数裁定原则。如果说帕累托标准、补偿标准以及公平标准是判断福利改进与否的重要标准，那么，多数裁定原则既是重要标准也是行事准则。多数裁定准则作为民主的基本准则，本身在一定程度上体现了平等、成本效率，以及一致行动的原则（吴雨欣，2010）。平等体现在多数裁定过程中，每一个具有法定权利投票的个体都是平等的，每个人拥有平等的决策权；成本效率原则体现在投票的成本最小化，包括决策时间成本与外在决策成本之和的最小化；一致行动体现在既然多数裁定原则中每个人都互相平等，并且大家都遵守多数裁定规则，那么，最后的投票结果就可以间接地代表社会整体的投票结果，也就是说，如果社会中的大部分人都认为一项政策或者制度变革使得福利水平提高了，那么，整体的社会福利水平就是提高了。

在市场机制下，价格机制只影响经济效率，而不能达成公平，所以，在一般均衡状态下只能探讨经济效率，不能探讨经济公平，但经济效率与经济公平这两个因素，对经济福利的影响不可忽视，两者均是对社会经济制度进行衡量的标准，是衡量社会经济制度不可或缺的价值目标。在社会生活中，如果某些公平以牺牲效率为代价，或者一些效率以牺牲公平为代价，这就要求其中的任何一种牺牲，都要以得到另一种的更多补偿为前提。所以，政府协调行为应该致力于同时满足公民对这两种价值目标的追求，确立以经济效率为基础，致力于维护经济公平的复合型价值取向（朱春晖，2006），发挥政府在处理效率与公平两者关系中的关键作用。

本章参考文献

[1] 智库·百科：《卡尔多补偿原则》，http：//wiki. mbalib. com/wiki/%E5%8D%A1%E5%B0%94%E5%A4%9A%E8%A1%A5%E5%81%BF，2012 年 6 月。

[2] 〔英〕李特尔：《福利经济学评述》，陈彪如译，商务印书馆，1980。

[3] 郭伟和：《福利经济学》，经济管理出版社，2001。

[4]〔美〕罗默：《高级宏观经济学》，王培根译，上海财经大学出版社，2009。

[5] 百度文库：《福利经济学沿革》，http：//wenku. baidu. com/view/f82f34d6195f312b3169a531. html，2012 年 4 月。

[6] 厉以宁、吴易风、李懿：《西方福利经济学述评》，商务印书馆，1984。

[7] 黄有光：《福祉经济学》，张清津译，东北大学财经出版社，2005。

[8] 百度文库：《一般均衡与帕累托（Pareto）最优》，http：//wenku. baidu. com/view/ed126145b307e87101f69631. html，2012 年 4 月。

[9] 林克昌：《试论经济公平与社会公平》，《中国党政干部论坛》1994 年第 9 期。

[10]〔美〕约翰·罗尔斯：《正义论》，何怀宏、何包钢、廖申白译，中国社会科学出版社，2009。

[11] 百度百科：《折衷主义》，http：//baike. baidu. com/view/136416. htm，2012 年 6 月。

[12] 姚明霞：《福利经济学》，经济日报出版社，2005。

[13] 陈志：《罗尔斯与诺齐克正义观比较研究》，《南京理工大学学报（社会科学版）》2007 年第 4 期。

[14]〔美〕哈尔·R. 范里安：《微观经济学：现代观点》，费方域等译，上海人民出版社，2006。

[15] 李松龄：《公平与效率的准则》，《广西经济管理干部学院学报》2002 年第 7 期。

[16]〔印度〕阿马蒂亚·森：《以自由看待发展》，任赜、于真译，中国人民大学出版社，2002。

[17] 丛亚平、李长久：《收入分配四大失衡带来经济社会风险》，《经济参考报》，http：//jjckb. xinhuanet. com/gnyw/2010－05/21/content_222413. htm，2010 年 5 月 21 日。

[18] 吴雨欣：《选举民主中多数裁定原则的合理性与有限性》，《理论学刊》2010 年第 11 期。

[19] 朱春晖：《对经济效率与经济公平的政府协调行为的伦理分析》，《郑州大学学报（哲学社会科学版）》2006 年第 3 期。

第三章　市场均衡与政府干预

市场经济机制的运行方式是通过市场均衡来自动调节的，在市场机制作用下，消费者和生产者都能实现自身经济利益的最大化，从而增进人们的福利，并满足效率和公平兼顾的原则。但市场不是万能的，也会存在市场失灵或失效，这时就需要政府进行干预，同样，政府干预也是有范围和条件的，政府干预并不能完全解决市场失灵，并且还会带来新的问题，因此，我们必须处理好市场和政府的关系。

第一节　市场均衡的合意性

一　市场经济运行机制

在人类社会经济发展的现阶段，市场经济体制已逐渐被世界众多国家普遍认同和接受。这种经济体制的特点主要包括：在经济成分方面，经济活动的主体主要是产权排他性明确的企业组织；在经济决策方面，各经济主体依据市场行情自主分散地进行；在经济激励方面，实行同各经济主体的效率相联系的差异报酬（郭伟和，2001）。

市场经济运行机制作为市场经济体制的重要组成部分，通过价格信号实现市场均衡。本节在对市场、均衡等概念进行解释的基础上，分析市场均衡是如何满足我们的需要，并增进人们福利的。

（一）市场

市场是通过买者与卖者相互作用共同决定商品或劳务的价格与数量的机制；市场可以是集中的，也可以是分散的，其最关键的特征是将买者和卖者汇集在一起，共同决定商品的价格和成交的数量；价格是一种信号，如果需求方与供给方在一定价格下达成协议，就叫做均衡。在市场中，价格协调着生产者和消费者的决策，较高的商品价格趋于抑制消费者购买，同时刺激生产；而较低的价格鼓励消费，同时抑制生产，价格在市场机制中起着信号传递的作用，稳定的市场价格可以有效减少市场经济的波动。[①]

完全竞争市场是指具有下列特征的一种市场类型：①商品具有同质性；②有大量的（假定有无限个）主体；③主体之间没有任何协议；④自由进入和退出；⑤对于价格具有完全信息。[②] 在完全竞争条件下，无论是在产品市场，还是在生产要素市场，单

① 百度文库：《一般均衡与帕累托（Pareto）最优》，http：//wenku. baidu. com/view/ed126145b307e87101f69631. html，2012 年 4 月。

② 百度文库：《一般均衡与帕累托（Pareto）最优》，http：//wenku. baidu. com/view/ed126145b307e87101f69631. html，2012 年 4 月。

个消费者和单个厂商的经济活动都表现为在市场机制作用下，各自追求自身经济利益最大化的过程，消费者追求效用最大化，生产者追求利润最大化，正是在这一过程中，所有的市场都达到了供求相等的均衡状态。亚当·斯密曾说："市场是看不见的手"，而现实生活中，这种完全竞争的市场几乎是不存在的。

（二）均衡

市场均衡代表了买者和卖者之间的一种平衡，此时，买者愿意购买的商品数量正好等于卖者愿意出售的商品数量。市场均衡分为局部均衡和一般均衡。

1. 局部均衡

局部均衡（Partial equilibrium theory）又称马歇尔均衡，由马歇尔在《经济学原理》中正式提出。局部均衡是假定其他市场的状况不变，对单个市场或部分市场的供求与价格之间的关系和均衡状态进行分析。① 局部均衡的特点是，以单个的生产者或者消费者为分析对象，而不考虑同其他市场主体之间的相互影响，在外界条件不变的情况下，这个孤立的市场的均衡状态，就是由某一个产品或要素市场上均衡价格和数量决定的，比如单个的食品市场。

2. 一般均衡（总体均衡）

一般均衡分析理论，由法国经济学家瓦尔拉斯在1874年出版的《纯粹政治经济学纲要》中提出。一般均衡是指这样一种经济状态，在这种状态中，无数决策者所做出的无数最优化决策是可

① 〔英〕马歇尔：《经济学原理》，廉运杰译，华夏出版社，2005。

以和谐并存的，因为所有的要素和商品市场同时处于均衡状态。

一般均衡理论分析各个市场之间相互依赖、相互影响的关系，研究经济体系如何调节，以实现所有市场的需求和供给在同一时间内达到相等。按照一般均衡原理，任何市场均衡的实现都有赖于其他市场。例如，食品市场均衡状态受到服装市场的影响。①

人们通常从一般均衡点的存在性、稳定性、唯一性三个特点对一般均衡进行解释和说明。所谓一般均衡点的存在性，是指在一系列假定条件都满足的情况下，整个经济系统处于均衡状态时，所有消费品和生产要素的数量和价格都有一个确定的均衡值；均衡点的稳定性，是指当市场价格低于均衡价格时，商品就会供不应求，引起价格上涨，趋向于均衡价格，反之高于均衡价格时，引起需求的降低，也会趋向于均衡价格，均衡点是稳定的；而一般均衡点的唯一性，则是指当达到了供求均衡时，买卖双方将不再进行调整，均衡点是唯一的。

3. 竞争性均衡

所谓竞争性均衡，就是在完全竞争市场中取得的均衡，消费者追求效用最大化，企业追求利润最大化。此时，所有消费者商品的边际效用与其价格的比率相等；企业生产的商品的边际成本与其价格比率都相等；不同厂商所消耗生产要素的边际收益产品等于要素的边际成本。② 可见当不存在外部性，买卖双

① 百度文库：《一般均衡与帕累托（Pareto）最优》，http：//wenku. baidu. com/view/ed126145b307e87101f69631. html，2012 年 4 月。

② 百度文库：《一般均衡与帕累托（Pareto）最优》，http：//wenku. baidu. com/view/ed126145b307e87101f69631. html，2012 年 4 月。

方信息充分时，完全竞争的一般均衡体系能够实现资源配置效率最大化。

二　竞争均衡状态的合意性

经济制度的效率，是指通过不同生产单位、不同区域或不同行业，分配有限的经济资源而达到的效率，这种效率使每一种资源都有效地配置于最适宜的使用方面和方向上。这种效率概念的深层含义可以引申为，如果一个经济能合理地运用和分配资源，达到若不使某人的状况差一些，就不能让另一个人变得更好一些的程度，那么，这个经济是有效率的。实际上，这个效率就是帕累托效率。①

所谓合意性就是人们的主观满意程度，以完全竞争市场为前提条件，我们分别在局部均衡和一般均衡两种状态下，运用帕累托标准对市场经济运行状况的合意性进行分析，揭示市场竞争均衡和帕累托最优的关系。

（一）局部均衡的合意性解释

在局部均衡状态下，由供求曲线剪刀图（见图 3－1）可知，E 点为均衡点，此时供求双方的买卖意愿相等，任何一方都不能在不损害对方的情况下改进自己的福利状况，实现了帕累托最优，而其余点为非均衡点，处于无效率状态。

当供不应求时，产量低于均衡产量，消费者的边际支付意愿大于厂商的边际生产成本。此时，当产量增加时，消费者有激励

---

① 百度文库：《一般均衡与帕累托（Pareto）最优》，http://wenku.baidu.com/view/ed126145b307e87101f69631.html，2012 年 4 月。

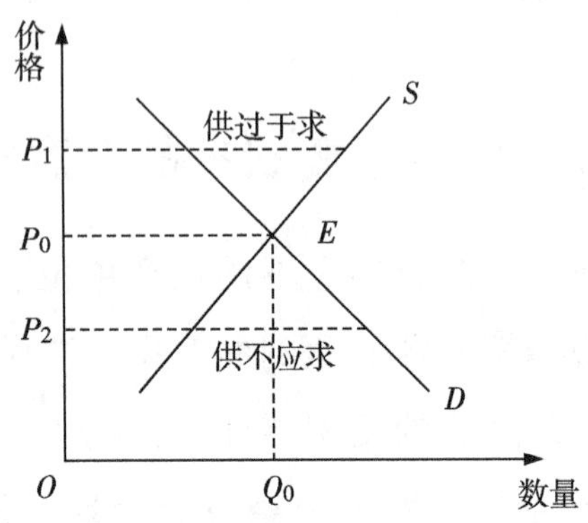

图 3－1　供求曲线剪刀图

购买更多的产品，效用增加了，厂商可以以较高的价格出售其产品，利益扩大了，这符合帕累托的社会福利增进标准。

当供过于求时，产量大于均衡产量，消费者的边际支付价格小于厂商的边际生产成本，这样双方不可能自愿交易。若强制规定产品价格为厂商的边际生产成本，则厂商得利、消费者受损；若强制规定产品价格为消费者的边际支付价格，则消费者受益、厂商受损。这都违背帕累托的社会福利增进标准，故应减少产量。

（二）一般均衡的合意性解释

一般均衡（总体均衡），假定各种商品的供求和价格都是相互影响的，一个市场的均衡只有在其他所有市场都达到均衡的情况下才能实现。我们以交易的一般均衡为例，来分析如何达到帕累托最优，即在社会生产状况、收入分配状况和要素的禀赋等既定条件下，怎样通过要素所有者之间的交易，实现效用最大化的均衡状态。

与第二章利用埃奇沃斯盒形图对帕累托最优进行分析类似，本章利用埃奇沃斯盒形图对交易的一般均衡进行分析。在第二章交换的帕累托最优中，通过消费者 A 与消费者 B 的自由交换，最终达到均衡点 C，强调在均衡点 C，任意两种商品 X、Y 的边际替代率（MRS_{XY}）对于每一个参加交易的人来说都相同，商品的配置实现了交换的帕累托最优，此时不可能继续交换，以使得行为人在不损害对方境况的前提下，让自己的境况变得更好。

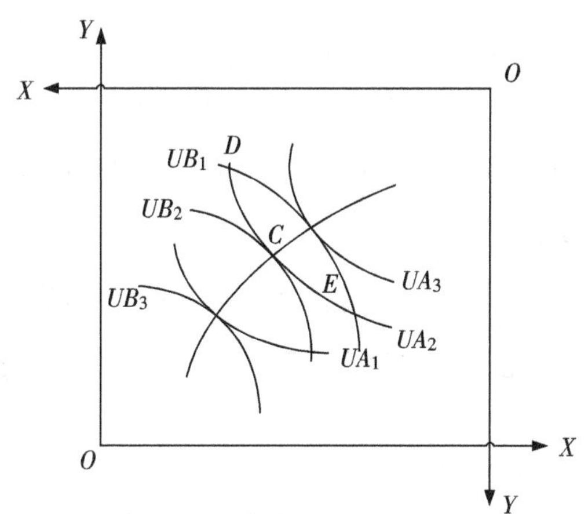

图 3－2　交换的埃奇沃斯盒形图

如图 3－2 所示，从埃奇沃斯盒形图的任意一个初始分配状况（比如 D）出发，A、B 双方有一个共同偏好区，双方朝着共同偏好区进行交易，都比初始状态要好，符合帕累托社会福利改进标准。当交易达到契约曲线上的点（比如 C 点）时，A、B 双方不再有共同偏好区，这时任何一方都不能在不损害对方利益的情况下改进自己的福利状况，即达到帕累托最优状态。

而在这一章中，我们还要说明在均衡点，市场上用于交换的商品全都处于出清状态。所谓出清状态，也就是均衡状态，我们称这种均衡为一般竞争均衡或者瓦尔拉斯均衡。它指的是存在一组价格，这组价格使得每个消费者选择他最偏好的并且能够买得起的消费束，当市场达到均衡状态时，所有消费者的选择都是相容的，每个市场上商品的供求都相等。

第二节　福利经济学定理

福利经济学第一定理和福利经济学第二定理，合称为福利经济学的古典定理（classical theorems of welfare economics），福利经济学定理作为连接效率和均衡的桥梁，论述了帕累托最优和完全竞争的市场机制之间的关系，即在一系列限定条件下，帕累托最优能够自动实现一般均衡，一般均衡也是帕累托最优的。

一　福利经济学第一定理

（一）福利经济学第一定理的内容

福利经济学第一定理认为，只要是完全竞争达到的均衡状态，就是帕累托最优状态（孙月平等，2004），市场主体可以取得所有的交易收益。

（二）福利经济学第一定理的证明

对福利经济学第一定理的证明有很多种方法，这里引用范里安的方法（反证法）来证明。[①]

假设市场均衡不是帕累托最优的，这样意味着存在其他的可行配置（yA_1，yA_2，yB_1，yB_2），这种配置优于以前的配置（xA_1，xA_2，xB_1，xB_2）。其中 1、2 代表商品种类，A、B 代表不同行为主体，y 代表相对于 x 的资源配置情况，而 yA_1 就代表相对于 x 的资源配置状况，行为人 A 对商品 1 的选择。（yA_1，yA_2，yB_1，yB_2）配置满足以下条件：

$$yA_1 + yB_1 = wA_1 + wB_1$$

$$yA_2 + yB_2 = wA_2 + wB_2$$

这个方程组表明配置是可行的，最终资源禀赋和初始禀赋（w：初始禀赋点）相等。除了满足这个条件外，还满足（yA_1，yA_2）>（xA_1，xA_2）；（yB_1，yB_2）>（xB_1，xB_2），这表示对 A 和 B 来说，他们更偏好（yA_1，yA_2），（yB_1，yB_2）配置。假定每个行为人按照自己的财力购买最佳的消费束，如果（yA_1，yA_2）优于他所选择的消费束，那么选择（yA_1，yA_2）的费用一定大于他的财产，即 $p_1 \times yA_1 + p_2 \times yA_2 > p_1 \times wA_1 + p_2 \times wA_2$；同理，对于行为人 B 来说，他的情况跟 A 相同，即 $p_1 \times yB_1 + p_2 \times yB_2 > p_1 \times wB_1 + p_2 \times wB_2$，将上述两个方程联立得：$p_1 \times (yA_1 + yB_1) + p_2 \times (yA_2 + yB_2) > p_1 \times (wA_1 + wB_1) + p_2 \times (wA_2 + wB_2)$，又因为 $yA_1 + yB_1 = wA_1 + wB_1$，$yA_2 + yB_2 = wA_2 + wB_2$ 方程可以转化为 $p_1 \times (wA_1 + wB_1) + p_2 \times (wA_2 + wB_2) > p_1 \times$

① 〔美〕哈尔·R. 范里安：《微观经济学：现代观点》，费方域等译，上海人民出版社，2006。

$(wA_1 + wB_1) + p_2 \times (wA_2 + wB_2)$，方程两边显然矛盾，因此方程不成立。

方程不成立的原因在于方程的假设条件——市场均衡不是帕累托最优的，存在问题，因此根据反证法，市场均衡是帕累托最优的。

（三）福利经济学第一定理的说明

福利经济学第一定理证明也有很多假设条件。这些假设条件和帕累托最优原则假设条件相似，包括市场是完全竞争的市场，市场上所有人都是价格的接受者；理性人假设，消费者追求效用最大化，生产者追求利润最大化；消费者满足局部非饱和性；不存在外部性以及非市场化的因素；不存在同情和嫉妒等。

福利经济学第一定理意在将市场均衡和帕累托最优结合起来，说明在完全竞争的市场上，如果允许市场主体自由竞争，市场会自动实现出清状态，并且这种均衡是帕累托最优的，是有效率的。可以看到福利经济学第一定理“实际上是亚当·斯密《国富论》的主体思想”，只不过是将相关的概念和条件加以说明而已。因此，福利经济学第一定理也被看做是斯密“看不见手定理”的现代版本。①

福利经济学第一定理的重要性，在于阐述了竞争市场的优势，这是一种可以确保帕累托最优的普遍机制。帕累托标准可以通过完全竞争、完全计划经济体制的中央调控，甚至完全价格歧视来实现。然而，哈耶克等人试图证明，完全竞争市场是实现帕

---

① Bös，D.，M. Rose，and C. Seidl：Welfare and Efficiency in Public Economics，Heidelberg：Springer – Verlag，1984.

累托最优的成本最小的方式。[①] 假设有无数个行为人参与资源配置，如果是计划经济体制，可能需要建立一个机构，专门收集所有的与商品、生产要素、消费偏好相关的信息，还需要建立一系列复杂的数理方程组，测算出每一个行为人对某种商品的需求，显然，计划经济体制运行的成本是巨大的。按照福利经济学第一定理的观点，完全竞争市场不需要行为人掌握所有的信息，每个行为人在做出决策时，只需要关注市场价格信息，即商品和生产资料的价格，便根据价格做出消费和生产的决策。在竞争市场上，消费者不必知道商品是如何生产、由谁生产的，他们只要知道价格就可以决定自己的需求。竞争市场可以减少每一个人需要掌握的信息量，从而降低获取信息的交易成本，以最小的成本实现资源配置效率最大化。

但是，福利经济学第一定理并没有涉及公平分配问题，如果在交换之前行为人 A 拥有所有的商品禀赋，那么市场均衡和帕累托最优的均衡点，还是行为人 A 拥有所有的商品禀赋，尽管这种资源配置结果具有效率，但显然是有悖公平的。

二　福利经济学第二定理

福利经济学第一定理有一系列假设条件，认为如果存在完全竞争均衡，那么这种状态一定是帕累托最优状态。显然，福利经济学第一定理，首先强调完全竞争均衡的存在，如果存在外部性、信息不对称、公共物品和公共资源等问题，完全竞争均衡是

① 〔英〕弗里德里希·冯·哈耶克：《通往奴役之路》，王明毅译，中国社会科学出版社，1997。

否存在是一个很重要的疑问。所以，一般称福利经济学第一定理为弱定理，福利经济学第二定理尽量弥补第一定理的缺点，也被经济学家称为真正基本的（truly fundamental）福利经济学定理。[①]

（一）福利经济学第二定理的内容

福利经济学第二定理认为，从任何一个社会公认的公平的资源初始分配状态出发，要达到帕累托最优状态，都必须借助竞争性市场机制实现（郭伟和，2001）。也就是说，在一个人为给定的初始配置下，可以通过市场竞争，实现既定的帕累托有效配置。

（二）福利经济学第二定理的说明

福利经济学第二定理，在初始分配基础上探讨效率问题，其意义在于可以将分配和效率两个问题分开考虑，[②] 任何帕累托标准都可以得到市场机制的支持，市场机制在分配上是中性的，不管商品和财富的分配标准如何，都可以利用竞争市场实现这种标准；同时，效率问题和公平问题也可以分开来处理，即在公平和效率决策问题上，是可以找到平衡点的，因为任何意在使得社会更加公平的政策，可以改变每个行为人的商品禀赋，在完全竞争的条件下，改变后的商品禀赋点会自动实现帕累托最优。福利经济学第二定理，为政府的转移支付和财产的重新分配提供了理论指导。

---

① Raghbendra Jha：Modern Public Economics，Oxon：Routledge，1998.

② 〔美〕哈尔·R. 范里安：《微观经济学：现代观点》，费方域等译，上海人民出版社，2006。

三 帕累托原则的若干前提条件及局限

福利经济学基本定理包括若干前提条件。第一，完全竞争和完全市场；第二，一般均衡理论；第三，社会偏好的可测性与个人偏好的序数测量和不可比性。① 但我们不难看到，这些前提条件都存在着局限性。

（一）完全竞争和完全市场条件的局限性

随着环境破坏、资源耗竭、周期性失业和经济危机频繁等问题的不断出现，经济学家逐渐认识到市场并不是万能的，存在着市场失灵和非完全市场的现象。所谓市场失灵，就是指市场机制在有些领域不能有效发挥作用，达不到资源有效配置的目的，也就是达不到经济学所讲的“帕累托效率”。市场失灵主要分为竞争失灵、外部效应、公共产品、市场不完全、信息失灵、失业与收入分配不均②等情况，而这些问题通常需要依靠政府的干预得到解决。

1. 竞争失灵

在现实经济运转过程中，市场很难实现完全的竞争状态，竞争失灵是一种常态，社会资源的分配往往缺乏效率。竞争失灵常伴随垄断的产生，垄断虽然是竞争的必然，但往往具有不合理性，导致市场机制扭曲、供求失衡，难以达到资源合理配置的目

① 百度文库：《一般均衡与帕累托（Pareto）最优》，http://wenku.baidu.com/view/ed126145b307e87101f69631.html，2012年4月。

② 百度文库：《一般均衡与帕累托（Pareto）最优》，http://wenku.baidu.com/view/ed126145b307e87101f69631.html，2012年4月。

的，从而降低社会总福利。因此需要政府进行干预，以防止自然垄断破坏资源的优化配置。

2. 外部效应

外部效应体现为不同主体的行为对其他主体产生影响，但这种影响并没有体现在相关价格中，也就是说，行为造成的成本没有予以补偿，产生的利益也没有得到回报。在没有政府干预的情况下，容易产生过度生产或生产不足的问题，造成资源浪费或不能满足市场需要。在现实中，经常出现社会边际成本（收益）与私人边际成本（收益）的背离，有时这种背离程度很大，因而需要政府运用立法、罚款、征税、补贴、数量管制等方法来矫正相应的背离，消除外部效应。

3. 公共产品

公共产品的两个基本特征——消费的非竞争性和非排他性，导致自由市场公共物品有效供给不足或者干脆不会提供公共物品。例如，很少会有人投资灯塔这样的设施，因为投资者无法从受益者那里得到经济上的回报。公共产品产量的不足，将会损害经济运行的效率，甚至会使整个社会无法正常运行，政府提供公共物品，可以在一定程度上解决这个问题。

4. 市场不完全

由于一个国家或地区市场体系不完整，某些市场发展相对滞后，甚至不健全，即便是消费者愿意支付的价格高于生产成本，私人市场仍无法提供这种产品或服务。市场不完全在保险市场、资本市场、新兴高科技产业发展中尤其明显。例如，一些风险特别大的保险业务，私人保险公司一般不愿承担；而针对一些金额大、周期长的贷款，私人银行一般也不太愿意提供。于是，政府便承担了相应的义务，例如，许多国家的政府为银行提供了存款保险，并成立政策性银行来开展私人银行不愿涉足的业务。

5. 信息失灵

市场经济的良好运行，一般均衡和帕累托最优的实现，需要市场主体及时掌握准确、充足、及时的信息。然而，现实中过高的信息搜寻与获取成本，常常使得市场主体做出非最优的市场决策；同时，商品和服务交易的双方由于所掌握的信息量不对称，不能有效开展公平竞争，从而使资源配置产生扭曲；另外，信息在许多方面具有公共产品的特征，因而在私人市场经济中经常有效供给不足。为了避免这种现象的发生，政府经常要承担起向消费者免费提供信息的职能。例如，政府会提供CPI信息供大家参考，政府还会定时出台行业质检报告为消费者消费行为提供指导。

6. 失业与收入分配

市场失灵不仅表现在上述效率方面，也表现在与公平有关的问题方面，如市场经济的周期性波动往往带来就业的不稳定，市场不能有效地调节收入的合理分配和缩小收入差距，收入的不平等很难保证市场竞争的平等。所以，20 世纪 30 年代经济危机后，要求政府干预市场，调节市场的呼声越来越高。

除此以外，自发的市场机制还不能保证宏观经济的稳定与增长，不能解决宏观经济总量与结构的均衡，特别是在解决通货膨胀、充分就业、产业结构、区域经济结构等宏观经济问题方面，市场本身也无能为力。

（二）一般均衡条件的局限性

一般均衡条件主要有三方面的局限性。一是一般均衡理论是静态的而非动态的。所谓静态性，是指均衡点是静态效率点。而在现实经济中，市场应该是动态的，尤其是人口变动、技术创新，以及资本积累的增加，都会对均衡点产生影响，例如，有些因素如技术创新会提高经济效率，有些因素如环境破坏则会损害经济效率。而帕累托最优的观点没有涉及这些动态因素。二是最大化假定，在分析帕累托三个最优中，假定生产中实现了效率最优，消费中实现了效用最优。三是高度的抽象性，即它排除了描绘一个经济体系运行特征的一些重要方面①，例如，帕累托最优仅仅描述市场是怎样实现均衡的，却没有涉及市场主体是怎样产生和做出决策的，如企业是怎样产生的，企业内部是怎样运行并做出决策的等等。

（三）偏好测量条件的局限性

实现帕累托最优的前提，还有社会偏好的可测性与个人效用的序数测量和不可比性。从希克斯—艾伦革命开始，福利经济学的发展是建立在序数效用理论基础上的。序数效用论认为，个人效用不可比较，很难在相同的境况下，对不同的社会行为人的效用水平进行比较；同时社会偏好很难由个人的偏好加总得到。由于帕累托原则的偏好测量条件本身很难被证实，其作为前提条件更难有说服力了。

---

① 百度文库：《一般均衡与帕累托（Pareto）最优》，http：//wenku. baidu. com/view/ed126145b307e87101f69631. html，2012 年 4 月。

第三节　政府干预

正是由于在自由竞争市场下，帕累托最优若干前提条件存在局限性，或者说福利经济学基本定理的前提条件，在许多现实情况下难以成立，所以，现实社会经济运行中出现了市场失灵或失效的现象。而福利经济学第二定理表明效率问题和公平问题可以分开来处理，这就为政府干预市场提供了某种理论基础。这一节主要论述政府干预的理由、内容、手段和效果。

一　政府干预的理由与范围

（一）政府干预的理由

市场不是万能的，也会出现失灵或失效，这就要求政府通过一定的干预手段保证市场经济的健康发展。政府干预市场经济的理由，主要有以下几方面：第一，市场经济竞争均衡合意性的前提条件不能满足。通过前面的分析，我们知道，在完全竞争条件下，市场能对资源进行有效配置，但是，实现这种效率是有苛刻条件的，现实总是不够完美，市场失灵时有发生，需要由政府加以矫正，提高效率；第二，市场失灵会导致收入分配不均，贫富差距扩大，需要政府通过各种手段规范个人收入分配秩序，维护社会的稳定；第三，宏观经济运行的波动引致经济周期问题，进而会导致社会资源浪费、福利减少、社会混乱，这也需要政府采取经济等手段加以解决；第四，优效品（merit good）消费不足，这可以理解为，老百姓由于信息不对称、短视等原因看不到一些物品的好处或坏处，从而没有按照自己的最佳利益采取行动，此时就需要政府像“家长”一样强制人们消费，例如汽车安全带的推广，义务教育的普及，禁止吸烟等；第五，在国际舞台上，也需要政府代表国家利益行使权力和履行义务，维护市场主体的利益，如商务部谈判等。

（二）政府的经济职能

政府的经济职能，主要包括四个方面：

1. 优化资源配置

即政府通过引导人、财、物等资源的流动，提高资源利用效率，从而获得最大的社会经济效益。这个职能，也可以理解为围绕福利经济学基本定理，所采取的维护总体均衡前提条件的一些政府职能，特别是针对产权纠纷、限制垄断、解决外部性、保障公共物品供给、克服信息不透明等方面的职能。

2. 缓解分配不公平

针对片面追求效率而产生的不公平现象，政府可以实行收入的再分配，在适当均衡贫富后再自由竞争，从而缩小收入差距，体现社会公平，这也符合福利经济学第二定理。

3. 宏观调控

政府根据一定时期的经济社会状况，灵活机动地运用货币和财政政策，达到反经济周期的目的，例如，当经济处于过热或严重通货膨胀时，政府可以采取紧缩性的货币政策，减少货币供给量，降低通货膨胀率。依据凯恩斯理论，实施“逆经济周期”而行的“相机抉择”的宏观经济决策，促进宏观经济持续、稳定地增长。

4. 执行国际经济政策

随着全球化的发展，世界各国的经济也逐渐融为一体，不同国家和经济体之间越来越相互依赖，由于各国内部的宏观经济政策，都对其国际收支和货币汇率水平产生影响，并对其他国家带来溢出效应，所以，各国政府之间需要对宏观经济政策进行相互协调，在国际竞争中驾驭经济发展，实现福利的最大化。

（三）政府干预的手段

在干预市场时，政府经常使用“大棒”和“胡萝卜”两种手段来改进市场的效率，即通过惩罚和激励两种手段诱发人们行为的改变。这两种手段主要体现在三大工具上：一是税收；二是政府的财政支出；三是管制。其中第一和第三种工具属于“大棒”手段，而第二种工具属于“胡萝卜”手段。

税收是指国家为满足社会公共需要，凭借公共权力，按照法律所规定的标准和程序，参与国民收入分配，强制地、无偿地取得财政收入的一种特定分配方式。① 税收有两个原则，受益原则和按能力赋税原则，前者是指公共支出项目的受益者，需要支付项目费用，后者则指收入较高的人无论受益与否，都应承担更多的赋税。政府的税收有很多种类，如个人所得税、消费税、营业税等。政府通过税收工具干预经济，有利于监督社会经济活动方向，保持经济稳定，合理调节分配，促进共同富裕等。

和企业一样，政府在征税后也要安排支出，政府的税收支出种类繁多，按经济性质来划分，主要包括两大部分：一是购买性

① 百度百科：《税收》，http://baike.baidu.com/view/36890.htm#5，2012年5月。

支出；二是转移性支出。前者计入 GDP，后者不计入 GDP。政府财政支出不仅有利于发挥国家的职能，促进国家各项事业的发展，而且有利于社会的生产和就业、收入分配的再调节，以及维护社会的稳定。

管制是政府直接干预市场配置的机制，政府管制可分为经济管制和社会管制两种（袁持平，2005）。经济管制直接影响市场主体的经济决策，主要是对价格、产业进出门槛、质量标准、服务标准等进行控制，例如，对企业实行最高限价和最低保护价、制定高新技术企业的标准、农药残留标准等；而社会管制旨在保护安全、健康、环境等公众利益和维护社会安定，例如，改善劳动条件、反对招聘歧视、保护消费者权益、保护生态环境等方面，意在抑制垄断、缓解外部效应和信息不对称等问题。

二　政府干预的评价

除了税收、财政支出、管制等手段外，政府还可以通过明晰产权和产权保护等手段来矫正市场失灵，政府是对市场的有效补充。但经济学家和政治家围绕政府与市场之间的界限问题从未停止过争议。至今，自由派和保守派还在为政府是否应该在教育、扶贫、医疗保健等方面进行干预而争论不休。实际上，政府已经逐渐侵占了市场的地盘，比如，近一个世纪以来，世界各国政府的显著特点是税收和支出的急剧增长，政府用来支配经济的法律和管制也在大幅增加，政府履行的经济职能越来越多。

（一）政府失灵

政府干预是必要的，但是，政府干预也并不能实现资源配置的帕累托最优，也会出现政府失灵，这主要是由政治决策的复杂性（具体解释见第八章公共选择理论）和政策实施的复杂性决定的。例如，政府的决策不一定代表公共利益；政策制定过程中，信息不对称和搜集信息的复杂性也会带来决策失误；中央和地方政府之间的博弈会影响政策的实施；政策执行过程中，有关机构的低效率，政府创租、寻租活动，以及官员的腐败问题；政策制定和实施中缺乏监督；市场主体行为控制的有限性等。所有这些，都会影响政府干预的科学性和有效性，导致政府失灵。

例如，政府通过管制手段，给医院里的专家门诊设置价格上限就会带来严重的后果。由于专家号和普通号的价格对一般病人来说差别不够大，导致众多病人都愿意排队购买专家号，这不仅致使供不应求，催生“票贩子”，而且还使真正患有疑难杂症的病人很难见到专家，同时，由于专家号价格偏低，可能导致专家看病的积极性不高。这一问题的解决办法，在于让市场来决定专家号的价格，专家级别越高，门诊价格越高，这样普通病人就会根据自己的需要选择哪种收费，专家也能提高看病的积极性。

（二）政府与市场

既然政府和市场都会失灵，那我们必须“两利相权取其重，两害相衡取其轻”，政府和市场都应清楚何处有为，何处无为。具体来说，市场作为资源配置的基础，不同的经济主体都应该按照自己的目标从事相应的活动，追求效率，而政府应该在发挥市场资源配置基础性作用基础上，强调社会的公平，提供更加公平的公共物品，以及追求大多数人的整体利益。除此以外，还可以超越政府与市场，重视调节经济运行的习惯和道德力量（厉以宁，1999），如平等、自由、合作、诚实、守信、正义、利他主义等（盛洪，1999）。

自改革开放以来，从“计划经济为主，市场调节为辅”到建设“社会主义有计划商品经济”，再到经济体制的转轨，我国政府经济职能发生了很大的变化。当前，在社会主义市场经济条件下，我国政府职能的主要任务已转变为（温来成，2004）：规范政府行为，加快政企分开步伐；合理界定各级政府职责，划分财政支出范围；建立现代公共事业组织，提高政府公共服务水平；建立新型国有资产管理体制；完善宏观经济调控体系，提高政府宏观调控能力；以及推行电子政务，促进科技进步，提高政府经济管理效率等。

（三）第三部门

除了通过划分政府和市场的作用范围来减少市场失灵以及政府失灵的不利影响外，一些经济学家、社会学家认为，可以借助第三部门的力量来填补市场和政府功能的空白，解决市场失灵和政府失灵问题。

第三部门是指介于国家和市场之间的非营利性、非政府组织，如俱乐部、慈善组织、科研机构、工会等。这是相对于第一部门（政府或政府组织等公共权力部门）和第二部门（市场或营利性组织）而提出的概念。第三部门受到人们的重视与20世纪30年代经济大萧条引发的市场体制危机和70年代后凯恩斯主义及福利国家的危机有关。第三部门作为社会力量的重要体现，主要从事非强制、非等级和非营利性趋向的社会公益性活动，一般说来，第一部门、第二部门不容易受到忽视，最容易受到忽视的是第三部门。第三部门的兴起有其必然性，因为它既可能弥补市场失灵，又有可能弥补政府失灵，还可以极大地减轻社会管理成本（郑杭生，2006）。

社会管理学家认为：三大部门都有各自的运行原则，经济领域遵循自由等价交换原则，政治领域遵循以权力为媒介的交换原则，社会领域遵循公益协商互助互动原则，当三个部门的原则相互混淆，如政治领域开始遵循追求个人利益最大化的自由交换原则，那么，社会运行便会出现问题。哈贝马斯认为：三个领域之间的界限混淆，是我们在 20 世纪，尤其是最近几十年来所看到的种种弊端的主要根源。①

跳出市场和政府二元划分，从市场、政府、社会三元角度来看待市场失灵和政府失灵问题，促进第三部门的良性发展，利用第三部门的力量解决“双失灵”问题，是一个值得进一步探讨的领域。

本章参考文献

［1］郭伟和：《福利经济学》，经济管理出版社，2001。

［2］百度文库：《一般均衡与帕累托（Pareto）最优》，http://wenku.baidu.com/view/ed126145b307e87101f69631.html，2012 年 4 月。

① 〔德〕哈贝马斯：《公共领域的结构转型》，曹卫东等译，学林出版社，1999。

[3]〔英〕马歇尔：《经济学原理》，廉运杰译，华夏出版社，2005。

[4] 孙月平、刘俊、谭军：《应用福利经济学》，经济管理出版社，2004。

[5]〔美〕哈尔·R. 范里安：《微观经济学：现代观点》，费方域等译，上海人民出版社，2006。

[6] D. Bös，M. Rose，and C. Seidl：Welfare and Efficiency in Public Economics，Heidelberg：Springer-Verlag，1984.

[7]〔英〕弗里德里希·冯·哈耶克：《通往奴役之路》，王明毅译，中国社会科学出版社，1997。

[8] Raghbendra Jha：Modern Public Economics，Oxon：Routledge，1998.

[9] 百度百科：《税收》，http：//baike. baidu. com/view/36890. htm#5，2012 年 5 月。

[10] 袁持平：《政府管制的经济分析》，人民出版社，2005。

[11] 厉以宁：《超越市场与超越政府——论道德力量在经济中的作用》，经济科学出版社，1999。

[12] 盛洪：《经济学精神》，广东经济出版社，1999。

[13] 温来成：《政府经济学》，中国人事出版社，2004。

[14] 郑杭生：《社会学视野中的社会建设和社会管理》，《中国人民大学学报》2006 年第 2 期。

[15]〔德〕哈贝马斯：《公共领域的结构转型》，曹卫东等译，学林出版社，1999。

第四章　垄断与福利

由第三章可知，完全竞争市场可以实现帕累托最优，而现实中的市场却存在垄断。所谓垄断，反映的是一种特定的市场类型。市场类型的划分标准有很多，我们根据市场上产品供给方（卖方）参与人数的多寡，可将市场分为四类：完全竞争市场、独家垄断市场、垄断竞争市场和寡头垄断市场，而后三类就是含有垄断成分的不完全竞争市场。在这一章中，我们将探讨垄断的成因与类型、垄断对社会福利的影响，以及政府对待垄断的态度与措施。

第一节　垄断的成因与类型

垄断的基本原因是进入障碍，即垄断者能在其市场上保持唯一卖者的地位，其他企业不能进入市场并与之竞争。依据进入障碍的三个来源，可以将垄断分为三种类型：

（1）经营者运用经营手段造成的垄断。这种手段可以是正当的，也可以是非正当的，例如，某个企业在对市场进行细分的基础上，按照特定的客户群体，创造产品差异，从而占领该细分市场，排除其他厂商进入的可能，形成垄断，这是一个利用正当手段实现垄断的例子；而非正当手段，则表现为联合串通、低价倾销、非法兼并等方面。

（2）政府通过政策保护创造的行政垄断。政府往往对关系国家经济安全或者是提供公共物品的行业，给予某些厂商生产的特许经营权，只有获得特许经营权的厂商才能从事经营，或者政府通过鼓励或限制某个行业的发展，形成行政垄断。

（3）经济技术原因形成的自然垄断（Natural Monopoly）。一个行业如果其规模经济特别显著并且固定成本投入非常大，那样长期平均成本曲线下降明显；或者尽管这个行业规模经济并不显著，但因社会需求有限，需求线与长期平均成本曲线的交点落在长期平均成本曲线的下降区间内，由此形成“自然垄断”。[①] 在这类产品的生产中，行业内总会有某个厂商凭借雄厚的经济实力或其他优势，最先达到这一生产规模，从而垄断整个行业的生产和销售。

前两种类型的垄断又称为人为垄断，自然垄断与人为垄断的最大不同，在于自然垄断必须有规模经济，而人为垄断则未必。另外，自然垄断行业多为捷足先登者所有，一经占有，其他竞争者很难进入该行业，并且这些行业投资巨大，一般为国家经营，如自来水、天然气、电信、石油等行业。[②]

---

① 〔美〕哈尔·R. 范里安：《微观经济学：现代观点》，费方域等译，上海人民出版社，2006。

② 智库·文档：《市场失灵以及市场微观经济干预》，http：//doc. mbalib. com/view/b6843e4104c3fddcdc3435f48d71fce2. html，2012 年 1 月。

第二节　垄断对社会福利的影响

垄断对福利的影响主要体现在经济效率方面，它会形成各种非效率，并导致社会福利减损，主要表现在资源配置的非效率（静态效率损失）、资源运用无效率（动态效率损失）和寻租成本三个方面（郭伟和，2001）。

一　静态效率损失

由前面所讲的经济剩余原理可知，在完全竞争条件下，当价格等于边际成本，利润最大化的产量会产生尽可能大的社会剩余，使资源的配置达到帕累托最优；在垄断市场上，由于价格高于边际成本，垄断势力会选择高价格和低产量，这就导致了消费者剩余的减少和生产者剩余的增加，且剩余减少的量大于增加的量，另外，生产者本身也会漏掉一部分利润，造成资源配置的无效率。

我们进一步用哈伯格三角形来说明垄断带来的资源配置失效。如图 4－1 所示：如果是一个完全竞争的市场，厂商将接受外生的价格，按照 $P = AR = MC$ 确定价格和产量，此时 E 点为帕累托最优点，价格和产量为（P_C，Q_C）。而垄断厂商在没有外界约束的情况下，会按照利润最大化的条件 $MR = MC$ 来决定价格和产量，此时价格和产量为（P_m，Q_m）。

在完全竞争条件下，按照消费者剩余和生产者剩余的定义，此时消费者剩余为价格线 $P = P_C$，需求曲线 D 以及纵轴之间的面

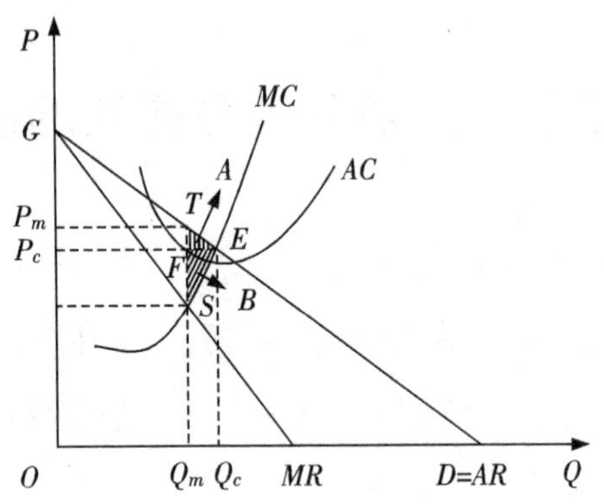

图 4-1 垄断的静态效率损失

积，即 GP_CE；生产者剩余为完全竞争价格线 $P=P_C$，厂商的边际成本曲线 MC，以及纵轴之间的面积；在垄断条件下，此时消费者剩余为垄断价格线 $P=P_m$，需求曲线，以及纵轴之间的面积，即 GP_mT；生产者剩余为垄断价格线 $P=P_m$，厂商的边际成本曲线 MC，纵轴以及垄断产量线 $Q=Q_m$ 之间的面积。所以，在完全竞争时，消费者剩余与生产者剩余的和，减去垄断时消费者剩余与生产者剩余的和，也就是面积 $A+B$，即为垄断效率的损失，也称为垄断的额外净损失。也可以说，尽管垄断使得消费者的剩余矩形 P_mP_CFT 转移到生产厂商的手中，但这并不是一种具有帕累托改进性质的收入转移，因为这种转移是以消费者的福利损失为前提的。在图 4-1 中，A 是消费者剩余的净损失，B 是由于厂商垄断行为产生的生产者剩余的净损失，两者之和是垄断的静态效率损失。由于测算出的静态效率损失（面积 $A+B$）的形状非常像三角形，所以又把福利静态损失称为福利三角形或者哈伯格三角形。

以上是根据哈伯格在《垄断和资源配置》中计量垄断的方法测算的，他认为垄断的净损失，是以消费者对每一单位商品愿意支付的价格与产品的边际成本的差额来度量的（谢作诗，2010）。同时，还有一种衡量额外净损失的方法，那就是垄断厂商从垄断产量点开始增加产量，一直增加到完全竞争的产量点，可以看到在这个过程中，生产一单位产量的商品的市场价值（市场价格）大于商品的边际成本，用积分的方法，将生产每一个产品上的差额累加，就得到总的福利损失。

无论是自然垄断还是人为垄断，厂商都是通过限制生产，使价格高于边际成本，实现利润最大化。但是，垄断厂商追求利润最大化的行为，降低了整个社会的经济效率，损害了消费者利益和社会福利，造成静态效率损失。然而，哈伯格利用计量方法对20世纪20年代的美国垄断状况进行测算，发现在美国由于垄断所造成的总的福利损失，不到美国国民生产总值的0.1%，很多经济学家因此调侃研究垄断，不如研究怎样消灭白蚁给社会带来的福祉大。①

二　动态效率损失

在对垄断的静态效率损失分析中，我们指出传统观点认为，垄断造成的福利损失是面积 $A+B$，俗称哈伯格三角形，然而哈伯格经过计量测算之后，发现垄断造成的福利损失非常小。尽管斯蒂格勒等在技术细节上对哈伯格的计量方法进行了修正，但

① 〔美〕保罗·萨缪尔森、威廉·D. 诺德豪斯：《经济学》，肖琛译，人民邮电出版社，2008。

是，测得垄断的损失仍然非常小。R. 芒代尔认为："除非对这些研究赖以建立的工具的正确性进行全面的理论反思，否则，人们难免会做出经济学无足轻重的结论"（方福前，2000）。

第一个从方法论角度对哈伯格的估算结果提出挑战的是 H. 莱本斯坦，他在《配置效率与 X—效率》一文中，从企业的"非理性"出发，指出垄断不仅仅造成产量和价格的变化，还会造成边际成本的变化。H. 莱本斯坦（1966）认为，哈伯格的研究方法具有新古典主义性质，它隐含的一个假设前提，即为了实现利润最大化，企业将有效地购买和使用生产要素，垄断的福利损失仅为价格扭曲引起的哈伯格三角形，但是，该方法忽视了企业从竞争转入垄断以后，失去竞争压力的企业将会出现"X—非效率"。具体说来，在垄断条件下，由于企业缺少外在的竞争压力，所以改变了行为规则，即由追求利润最大化变为追求安逸与享乐，从而缺乏了创新的刺激，导致产品质次价高、款式单调、服务跟不上等，产品成本高于相应产量规模的最低成本，造成资源运用无效率，即"X—非效率"，或动态效率损失。

熊彼特认为，只有强有力地刺激创新，才能促进增长。创新的刺激，可能来源于获取超额垄断利润的愿望，可能来自这种超额利润产生的更为丰富的资源，或来自企业的竞争压力[①]。而在垄断条件下，正是由于企业竞争力减弱，压力变小，其出现动态效率损失的概率将增大，从而导致资源运用过程缺乏效率。

---

① 智库·文档：《市场失灵以及市场微观经济干预》，http://doc.mbalib.com/view/b6843e4104c3fddcdc3435f48d71fce2.html，2012 年 1 月。

三　垄断引发的寻租成本

（一）寻租的定义

在对寻租定义前，我们需要先对创利、租金，以及经济租等概念进行探讨，以便对寻租有更为深刻的理解。

创利，一般指人们通过生产性活动获得报酬。例如，当一个企业家成功地开发了一项新技术或新产品，企业就能享受高于其他企业的超额收入，也就是将“蛋糕”做大。租金，本指生产要素的报酬，如地租，现在也常指不从事生产性活动，而从他人那里分得的收入，即纯分配性收入。而经济租，是指一种生产要素的最优收入超过要素机会成本的剩余，换句话说，经济租是生产要素的最大收益减去次优收益的差额。[①]

寻租理论，是20世纪70年代以来，西方经济学中最为活跃的研究领域之一，也是公共选择理论的热点之一。寻租理论是经济学家在讨论垄断、关税和政府管制造成社会福利损失的过程中形成和发展起来的。寻租活动常见的是涉及权钱交易的活动，即个人或利益集团为了谋取自身经济利益，而对政府决策或政府官员施展影响的活动。广义而言，寻租活动是指人类社会中非生产性的追求经济利益活动，或者说是指那种维护既得的经济利益或是对既得利益进行再分配的非生产性活动；狭义的寻租活动，是现代社会中最多见的非生产性追求利益的行为，是利用行政法律手段通过阻碍生产要素在不同产业之间自由流动、自由竞争的办

① 百度文库：〔美〕安·克鲁格《寻租社会的政治经济学》，http：//wenku.baidu.com/view/985aaf01b52acfc789ebc99b.html，2012年4月。

法来维护或攫取既得利益。[①] 可见，创利是一种生产性活动，而寻租则是一种非生产性活动。

寻租，同时也可以看作是个人或团体对既有产权的一种重新分配方式，因此，政府在处理产权时应采取慎重的态度（朱巧玲，2006）。因为用行政手段改变产权，会诱使有关的个人和利益团体争相影响政府决策，从而造成社会资源的浪费，例如，某个利益团体追求一种产权的改变，会引发其他团体的形成和抗衡。只有当产权的改变仅仅涉及产权当事人的时候，产权的界定才是较有效率的，政府作为第三者的介入，往往会耗费不必要的资源。

（二）寻租的分类及特点

寻租活动可以采取合法的形式，也可以采取非法的形式。合法活动包括企业向政府争取优惠待遇，利用特殊政策维护本身的独家垄断地位等；而非法行为包括行贿受贿，走私贩毒等（王惠平、杨明德，1994）。

布坎南在《寻租和寻利》一书中指出，寻租行为可以分为三个层次[②]：第一个层次是如果政府创造出稀缺性，并且这种稀缺性不是平等或者随机分配，不是通过拍卖提供给利益集团，那么，利益集团就会通过游说政府的方式来进行寻租；第二个层次是指如果政府职员获得经济租金后，薪水高于其他的私人部门，就会造成很多人想进入政府，潜在的政治家和官员也会花费大量资源来谋取政府职位，造成资源的浪费；第三个层次是由于再分

① 陆丁：《寻租理论》，《现代经济学前沿问题（第二集）》，商务印书馆，1993。

② 方福前：《公共选择理论》，中国人民大学出版社，2000。

配缺乏监督，致使人们对政府公共收入的寻租。例如，一个城市的政府通过发放经营牌照，人为地限制出租车的数量，牌照需求者就会争相贿赂主管官员，产生第一层次寻租活动；为争夺主管官员的肥缺而发生第二层次寻租竞争；出租车超额收入以牌照费的形式转换为政府财政收入，各利益团体又可能为了这笔财政收入的分配展开第三层次的寻租活动。

布坎南还区分了三种类型的寻租支出，第一种是潜在的垄断者谋取垄断地位所付出的努力和支出；第二种是政府官员接受或者抵制潜在垄断者的努力；第三种是支持寻租的政策或者制度对其他社会行为人行为的扭曲（Buchanan 等，1980）。布坎南认为，三种类型尽管不同，但是，参与寻租者都是理性人，受理性动机支配，都会造成资源浪费。在这三种寻租支出中，第三种支出对社会的破坏性最大，因为如果支持寻租的制度一旦确立，那么，改变这种制度的成本将会非常高，如果每一个人都去遵守这种寻租的制度，那么，整个社会的效率将会降低。

寻租活动具有很大的危害性。首先，它造成了生产要素配置的扭曲，阻碍生产方式的改进，将有限的资源浪费在无益的活动上；同时，这些活动本身还会导致其他层次的寻租活动或避租活动，例如，如果政府官员在这些活动中享受了特殊利益，政府官员的行为会受到扭曲，因为这些特殊利益的存在，会引发一轮追求行政权力的浪费性寻租竞争；另外，利益受到威胁的企业，也会采取行动“避租”与之抗衡，从而耗费更多的社会经济资源。[1]

---

① 百度百科：《寻租性腐败》，http：//baike.baidu.com/view/1683838.htm，2012年4月。

寻租活动还具有普遍性和经常性。当存在租金时，利益集团会通过向政府索取垄断权的方式获得租金，政府按照利益集团的偏好制定政策。但在现实生活中，政府并不仅仅是被动接受生产者或者其他市场主体的要求，政府官员也是一个理性人，其政治活动也是实现个人利益最大化，所以还会出现政治的创租与抽租，这就加重了寻租的普遍性和经常性。政治创租，即指政府官员利用行政干预的办法来增进私人企业的利润，人为创租，诱使私人企业向他们进贡作为得到这种租的条件；政府抽租，则指政府官员故意提出某些会使私人企业利益受损的政策作为威胁，迫使私人企业割舍一部分既得利益与政府官员分享。① 正是由于政治创租和抽租，私人或者利益集团不仅需要在获取租金前向政府官员进行支付，而且在获取租金后也要对政府官员进行支付。因为，私人或利益集团在获取租金后，政府官员可能会出尔反尔，尤其是政府换届时，新的政府官员在利益驱动下，往往会宣布以前的协议失效，所以为了保证寻租协议的持久性，私人或利益集团需要继续对政府官员进行支付。

最后，寻租还有自我增强的效应。在宏观经济学中有一个生产、保护、分利模型②，不仅可以解释寻租对社会福利造成的损失，还可以说明寻租具有自我增强效应。该模型说明了寻租能够自我增强的一个途径：如果寻租人数增加，则生产的吸引力下

① 方中松：《公共管理学》，湖北经济学院网络精品课程，http：//jpkc.hbue.edu.cn/xj/ggglx/kcja1.htm，2006 年 11 月。

② 关于生产、保护和分利模型的详细介绍，可以查阅罗默《高级宏观经济学》相关内容。

降，并导致寻租人数的进一步增加以及生产者用于保护的成本增加；同时，寻租的“从众安全”效应也会使得寻租自我增强，从众安全就是我们所说的罚不责众，当寻租者人数增加时，每个人被查处的可能性减少，寻租风险降低，相应预期收益增加，因而寻租吸引力上升。

（三）寻租成本

所谓寻租成本，是指为寻找租金而浪费的资源。我们知道，形成垄断、维持垄断和反对垄断都必须借助政策保护，只要获益大于投资，人们就会投入资源以寻求保护，造成垄断，直至获益与投资相等为止，即垄断的超额利润会与其寻租成本相等，消耗殆尽。

在关于垄断的福利成本争论中，塔洛克提供了一种新的研究思路，1967 年，塔洛克发表《关税、垄断和盗窃的福利成本》一文，在回归理性经济人的基础上，这篇文章从静态和动态两个角度，讨论了关于垄断的福利成本问题。从福利的静态损失来看，垄断造成的损失主要是面积 $A+B$，即哈伯格三角。但是哈伯格计算福利损失的方法，主要是反映了垄断结果造成的福利损失，忽略了垄断过程造成的福利损失。如果考虑到垄断的动态过程，那么，福利的损失将是哈伯格三角再加上四边形面积 P_mP_CFT，一般将四边形 P_mP_CFT 称为塔洛克四边形（见图 4－1）。

塔洛克认为，既然企业通过垄断可以获得相当于四边形 P_mP_CFT 的垄断租金，消费者遭受相当于 P_mP_CFT 的福利损失，那么，企业一定会想方设法获得垄断权，消费者会竭尽全力地阻止垄断来保护自己的利益。按照最大化原则，企业为了追求利润最大化，将本来可以用于生产商品和服务的稀缺资源用于获得垄断权；消费者按照效用最大化原则，把本来可以用于商品消费的资源用于避免垄断；同时，垄断形成之后，垄断企业为了维持垄断地位而消耗资源，没有垄断的企业试图取代以前的垄断企业获取垄断权，或者干脆打破行业垄断，这些都会耗费大量资源。另外，垄断导致政府主管部门行为企业化，滋生大量制度腐败，对新兴竞争者采取不公平的措施，而这些成本也会转嫁到消费者身上。与垄断企业的经济垄断相比，政府的行政垄断危害更大，它既妨碍自由竞争机制的形成，从而形成市场壁垒，使得各地、各企业的比较优势难以发挥，还损害经营者自由经营的合法性，以及消费者自由选择商品和服务的权利（李善杰、杨静、谢作诗，2007）。总之，这些寻租活动将会耗费大量的稀缺资源，并且耗费的成本等于垄断所带来的超额利润，这时候，垄断的社会成本就不仅仅是哈伯格三角形，还应该加上塔洛克四边形。

塔洛克四边形，是企业从消费者那里攫取来的垄断租金，既表示超额垄断利润，又表示垄断者花费的社会寻租成本，寻租者对租金的争夺导致租金完全消耗。克鲁格在《寻租社会的政治经济学》[①] 中，把寻租行为完全消耗租金的状态，称为竞争性寻租；把寻租行为没有完全消耗租金的状态，称为非竞争性寻租。我们需要弄清楚的是，为了获取这些租金需要消耗多少资源，获取的租金是否能抵消消耗的资源，社会上的寻租行为到底是竞争性寻租，还是非竞争性寻租。下面借用一个经济学模型对寻租的消耗

① 百度文库：〔美〕安·克鲁格《寻租社会的政治经济学》，http：//wenku.baidu. com/view/985aaf01b52acfc789ebc99b. html，2012 年 4 月。

进行判断。

假设所有的寻租者都是风险中性的；寻租者的效用可以用货币单位来测量；所有的寻租者都是同质的，即他们的支出量相当，并且获得租金的概率相等；他们的信息是完全并且对称的。I 为寻租者的支出，R 为潜在的租金，n 为寻租者的数量。寻租的均衡点是在寻租者的预期收益正好等于非寻租者的预期收益。用 $E(Y)$ 表示寻租者的预期收益，所以均衡的代数式为[①]：

$$E(Y) = \frac{1}{n}(Y - I + R) + \frac{n-1}{n}(Y - I) = Y$$

经过简单的代数整理，结果为 $R = nI$。也就是说，寻租者的总支出恰好能够完全消耗租金。当达到这个均衡点时，寻租停止。如果 $R > nI$，此时会吸引更多的人进入寻租者的行列或者增加寻租支出，当 $R < nI$ 时，由于寻租者获得负收益，理性的寻租者会选择退出，这样在进入和退出过程中，逐步到达寻租的均衡点。

第三节 政府对待垄断的措施

垄断的成因不同，类型不同，不同形式垄断的后果也不同，政府在对成因和结果进行分析的基础上，应对不同类型的垄断区别对待，实行不同的政策与措施。例如，对运用正当经营手段形成的垄断应予以支持和鼓励；对运用不正当经营手段形成的垄断

① 方福前：《公共选择理论》，中国人民大学出版社，2000。

应予以反对和取缔；对政府干预形成的垄断应具有针对性，并考虑适当的保护范围和时间；对经济技术原因形成的垄断可采取或政府经营，或企业自营、政府监管，或允许准入、形成潜在竞争等多种途径，既保障企业获得相应的规模经济效益，又保护消费者的权益，避免社会福利的减损（郭伟和，2001）。本节主要介绍政府对待自然垄断的态度及管制方法。

针对垄断问题，一方面政府可以运用反垄断法来增强市场竞争，对有垄断倾向的企业严格审查，阻止其合并；另一方面可以对垄断行为进行管制，使垄断企业不能随意定价。具体说来，主要包括四个方面：①改变经济形态，改国家经营为私人所有（私有化）；②价格管制，即限制定价，使私人企业不享受太多利润；③把大企业分拆为几个小企业，使这些企业相互之间进行竞争；④规范管制，出台反托拉斯法和反垄断法等。[①]

一　公共企业私有化

在国家经济的关键部门，或者对于一些投资大、周期长、资金回收慢的行业，往往采取公共企业的经营模式。叶常林（2005）认为，所谓公共企业是指持续存在的，以为社会提供具有公共性质产品和服务为主要经营活动的，且具有一定盈利目标，受到政府特殊措施管制的组织化经济实体，而不论这些经济实体是否与国家或政府之间存在资本联系。公共企业一般是国家经营垄断的企业，它的存在往往是为了实现一系列经济或者社会

① 智库·文档：《市场失灵以及市场微观经济干预》，http：//doc. mbalib. com/view/b6843e4104c3fddcdc3435f48d71fce2. html，2012年1月。

目标。例如获得规模经济、增加产量、获取高额收益、保证科技研发、增加就业、调节和平衡宏观经济发展等。

政府在经营企业时，一般会选择在 $P = MC$ 的产量点进行生产，由国家财政拨款来支付补贴维持厂商经营，补贴主要用来弥补较高的不变成本，公共交通一般采用这种经营方法。从理论上看，政府在 $P = MC$ 点经营，这种策略是符合帕累托最优的，然而从实际来看，政府经营很难实现帕累托最优，原因有两个：一是政府确定自己的边际成本需要耗费交易成本；二是政府经营不以企业利润最大化为目标，因而会使得经营者缺乏激励，造成效率低下，丧失技术创新的动力。所以，国家垄断企业也面临巨额亏损、效率低下、资源浪费等问题，需要进行改革。

20 世纪 80、90 年代的欧洲国家，特别是英国、法国、意大利、德国等，就在航空业、供水、供电业等行业开启了私有化浪潮。虽然私有化从理论上来讲，有利于建立自由竞争的市场，提高生产的效率，但并不是所有行业都可以私有化，特别是与人们生活密切相关的资源行业以及关系国家公共安全的行业。

二　价格管制

为了反垄断，通常采取价格管制这种直接控制措施，设定一个最高的销售价格。主要方法是设定最高利润率、设定固定投入资本收益率，以及规定最高价格（最高限价）。[①]

① 智库·文档：《市场失灵以及市场微观经济干预》，http://doc.mbalib.com/view/b6843e4104c3fddcdc3435f48d71fce2.html，2012 年 1 月。

1. 设定最高利润率

设定最高利润率可以限制价格，从而限制企业对市场力量的独占。不过由于管制部门不能控制企业单位成本，也不能按照利润率水平来控制价格，所以，实际上也不可能控制价格。事实上，一旦管制者规定一个固定的利润率，受管制的企业就会让单位成本上升，从而获得更大利润。

2. 设定固定资本收益率

在资本和成本一定时，限制固定资本收益率将限制最高单位价格，从而确保配置效率。但是，为了增加总利润，受管制企业往往会选择增加资本，而不是通过技术创新提高资本利用效率。

3. 规定最高价格

当成本一定时，最高限价意味着限制了企业的利润率；当资本投入一定时，最高限价意味着限制了企业的收益率。当然，这涉及定价方法的选择，即我们是采用边际成本定价，还是平均成本定价，等等。

价格管制方法有其自身的局限：首先，价格管制在短期内可能是有效的，但从长期看可能会降低企业的积极性；其次，由于信息不对称，获取信息的成本较高，管制当局很难准确得知企业的信息，企业很容易采取措施规避监管，所以监管效果大打折扣。

三　拆分企业

从横向来看，垄断可以分为买方垄断和卖方垄断，从纵向来看，可以分为上游垄断和下游垄断，也就是整个产业链垄断。垄断厂商通过各种垄断形式获得超额利润，造成社会资源浪费。政府按照反垄断法，将垄断厂商强拆成多个厂商（但是企业强拆一般不适合自然垄断情况。由于自然垄断的企业具有规模优势，所以强拆一般不能解决自然垄断问题），增加行业的竞争和减少行业的进入壁垒，可以提高社会资源的配置效率，例如，我国的电力行业改革，就是政府对垄断企业进行拆分的典型案例。20 世纪 90 年代以来，政府采取了一系列改革措施，以提高电力行业的竞争力和效率：1997 年，成立国家电力公司，负责电力行业商业运行和管理；后来，为了在发电市场引入竞争，又将国家电力公司拆分为 5 个国有电力发电企业和 2 个国有电网公司，而且 2 个电网公司都保留一定的装机容量。

四　反垄断法

垄断的基本原因是进入障碍，它通过多种措施限制潜在进入者进入，例如对潜在进入者牌照的要求、最小资本或技术的要求等。由于垄断限制竞争、滥用控制地位，势必产生资源配置的无效率。所以，一般通过反垄断法来规范私人部门企业的市场力量，从而确保经济自由、控制与经济集中有关的经济和政治权力、提高资源配置效率。

19 世纪末和 20 世纪初，西方经济发展从自由市场经济向帝国主义经济过渡。美国企业界出现了第一次大兼并，形成了一大批经济实力雄厚的大企业，这些大企业被叫做“垄断”厂商或托拉斯。行业垄断造成了财富在各阶层间的重新分配，使得美国国内贫富差距扩大，美国国会通过一系列法案，反对垄断，包括

《谢尔曼法》(1890)、《克莱顿法》(1914)、《联邦贸易委员会法》(1914)、《罗宾逊—帕特曼法》(1936)、《惠特—李法》(1938)和《塞勒—凯弗维尔法》(1950),这些法律统称反托拉斯法,在其他西方国家中也先后出现了类似的法律规定(高鸿业,2007)。这些反托拉斯法规定,共谋、垄断或企图垄断市场、排他性规定、限制竞争、价格歧视、不正当的竞争或欺诈行为等都是非法的。

除了上述四种反垄断的方法外,比较有效的政府反垄断策略,还有开放国内市场,引入竞争,通过国外企业竞争,提高垄断企业的管理能力和技术水平等。

本章参考文献

[1]〔美〕哈尔·R. 范里安著《微观经济学:现代观点》,费方域等译,上海人民出版社,2006。

[2] 智库·文档:《市场失灵以及市场微观经济干预》,http://doc.mbalib.com/view/b6843e4104c3fddcdc3435f48d71fce2.html,2012 年 1 月。

[3] 郭伟和:《福利经济学》,经济管理出版社,2001。

[4] 谢作诗:《价格扭曲与配置效率:哈伯格三角形的性质与原因》,《学术月刊》2010 年第 9 期。

[5]〔美〕保罗·萨缪尔森、威廉·D. 诺德豪斯:《经济学》,肖琛译,人民邮电出版社,2008。

[6] 方福前:《公共选择理论》,中国人民大学出版社,2000。

[7] Leibenstein, H: Allocative Efficiency VS: X-Inefficiency, American

Economic Review, No. 3, 1966.

[8] 百度文库：〔美〕安·克鲁格《寻租社会的政治经济学》，http://wenku.baidu.com/view/985aaf01b52acfc789ebc99b.html，2012 年 4 月。

[9] 陆丁：《寻租理论》，《现代经济学前沿问题（第二集）》，商务印书馆，1993。

[10] 朱巧玲：《寻租理论：产权理论的一个扩展——兼论新产权理论的构架及其现实意义》，《中南财经政法大学学报》2006 年第 4 期。

[11] 王惠平、杨明德：《浅论政府管理中的"寻租"活动》，《中国改革》1994 年第 11 期。

[12] J. M. Buchanan, R. D. Tollison and G. Tullock: Toward A Theory of the Rent-Seeking Society, Texas A&M Press, 1980.

[13] 百度百科：《寻租性腐败》，http://baike.baidu.com/view/1683838.htm，2012 年 4 月。

[14] 方中松：《公共管理学》，湖北经济学院网络精品课程，http://jpkc.hbue.edu.cn/xj/ggglx/kcja1.htm，2006 年 11 月。

[15]〔美〕塔洛克：《关税、垄断和盗窃的福利成本》，李政军译，《经济社会体制比较》2001 年第 1 期。

[16] 李善杰、杨静、谢作诗：《垄断利润与寻租成本》，《河北经贸大学学报》2007 年第 4 期。

[17] 叶常林：《公共企业：涵义、特征和功能》，《中国行政管理》2005 年第 10 期。

[18] 高鸿业：《西方经济学》，中国人民大学出版社，2007。

第五章　外部效应与福利

在前面章节讲述帕累托效率时，假定市场主体在做出消费或者生产决策时，不需要考虑其他市场主体的行为，市场主体之间的交易都可以依靠市场机制发生作用，通过自由竞争，市场机制可以实现帕累托最优。而在实际生活中，市场主体之间的决策行为相互影响，存在外部效应，因此影响资源的有效配置，导致市场偏离帕累托最优状态。本章将重点介绍外部效应的定义、特征、类型，外部效应对社会福利的影响，以及解决外部效应的措施等。

第一节　外部效应概述

一　外部效应的基本含义与特征

经济学中的外部效应（外部性）是指，在实际经济活动中，生产者或消费者的活动对其他生产者或消费者带来影响，而这种影响，并没有通过货币或者市场交易反映出来。这种影响，可能是有益的，也可能是有害的。有益的影响（收益外部化）称为外部经济性，或正外部效应，如植树造林；有害的影响（成本外部化）称为外部不经济性，或负外部效应，如农药厂的存在等。

外部效应有四个基本特征：第一，独立于市场机制之外，即外部效应不计入市场交易的成本和价格中；第二，影响到他人，即外部效应要对第三者产生影响；第三，无意性，即生产者或消费者的活动，不是有意对第三者产生影响，影响产生于决策之外；第四为局部性，即影响的范围是有限的。

二　外部效应的类型

1. 正外部效应和负外部效应

按照外部效应给其他市场主体带来的是收益还是危害，可以将外部效应分为正外部效应和负外部效应。正外部效应又称为外部经济，主要是指市场主体的市场行为对社会和环境产生正效应（如教育和安全），而市场主体并没有享受到经济活动带来的全部收益。负外部效应又称为外部不经济，主要是指市场主体的市场行为对社会和环境产生负效应（如污染、二手烟和犯罪），而市场主体并没有承担经济活动所带来的全部成本。市场主体通常会倾向于外部不经济的市场行为，因为他们只需要承担行为产生的部分成本；而由于市场主体并没有享受到行为产生的全部收益，他们通常不愿意做出具有正外部经济的市场行为。

2. 生产的外部效应和消费的外部效应

按照外部效应发生的领域，可以将外部效应分为生产的外部效应和消费的外部效应。生产的外部效应，即由生产活动所导致的外部效应，消费的外部效应，是由消费所带来的外部效应。伴随着生产与消费活动的产生，可能带来积极的影响，也可能是消极的影响。所以，我们也可以进一步将外部效应细分为生产的正外部效应、消费的正外部效应、生产的负外部效应和消费的负外部效应等四种类型（见表5－1）。

表5－1　外部效应的类型

生产的外部正效应	消费的外部正效应
例如：养蜂，蜜蜂为周边果树传授花粉	例如：烟花，周围其他人也可以无偿享受
生产的外部负效应	消费的外部负效应
例如：排污，影响河流下游人们的生产生活	例如：抽烟，影响周围人的健康

3. 可耗尽外部效应和不可耗尽外部效应

按照外部效应产生的影响不同，可以将外部效应分为可耗尽外部效应和不可耗尽外部效应。[①] 可耗尽的外部效应，是指某一市场主体对商品的消费，影响了其他市场主体可消费商品的数量或质量，如公共交通；不可耗尽的外部效应，是指某一市场主体对商品的消费不影响其他市场主体可消费商品的数量和质量，如国防。

4. 代内外部效应与代际外部效应

按照外部效应所延续的时间，可以将外部效应分为代内外部

① 百度百科：《经济外部性》，http：//baike. baidu. com/view/440513. htm，2012年4月。

效应和代际外部效应。[①] 代内外部效应主要是从即期考虑市场主体行为的相互影响；而代际外部效应问题主要是考虑人类代际行为的相互影响，其目的是消除前代对后代的不利影响。代际外部效应体现了可持续发展的观点。代际外部效应同样可以分为代际正外部效应和代际负外部效应。

5. 竞争条件下的外部效应和垄断条件下的外部效应

按照外部效应发生的市场类型，可以将外部效应分为垄断条件下的外部效应和竞争条件下的外部效应。经济学家鲍莫尔（Bamol）认为，竞争条件下的外部效应问题与垄断条件下的外部效应问题是不一样的。当一个厂商扩大规模将会提高行业整体的运转效率时，这种扩大如果由一个厂商单独去做可能没有利益，但如果该行业为一个人所独占，那就仍然会获得利益。这就是说，竞争性部门中一个厂商的正外部效应（或负外部效应），不一定就是垄断者的正外部效应（或负外部效应）。[②] 将外部效应分为垄断条件下外部效应和完全竞争条件下外部效应，也为解决外部效应提供了一种思路：通过厂商之间的合并，将外部效应内部化。

除了这些分类外，还有其他对外部效应的分类，例如，根据行为人是否相互影响，将外部效应分为单向的外部效应和交互的外部效应；根据外部效应能不能被内部化，将外部效应分为可控

---

① 智库·百科：《外部性理论》，http：//wiki. mbalib. com/wiki/% E5% A4% 96% E9% 83% A8% E6% 80% A7，2012 年 4 月。

② 〔美〕威廉·J. 鲍莫尔：《经济原理与政策》，方齐云、姚遂译，北京大学出版社，2006。

的外部效应和不可控的外部效应。这些分类完善了外部效应理论，为有效解决外部效应提供了相应的思路。

第二节　外部效应对社会福利的影响

一　外部效应与市场均衡

私有产权是市场机制的重要特征，它极大地刺激了人们对自身利益的追求，市场价格形成的基础，是边际私人成本等于边际私人收益，所以，无论是生产者，还是消费者，都不会主动从边际社会成本或边际社会收益的角度做出经济决策，不能精确地反映全部的边际社会效益或成本，将生产或消费中产生的外部性纳入成本或收益核算中。

所以，外部效应会影响市场配置资源的效率（市场均衡），带来效率损失，损害社会福利。企业或个人进行决策的时候，只可能将其实际承担的成本和得到的收益进行比较，在无需对外部成本进行补偿的情况下，经济主体实际承担的成本（内部成本或私人成本）会小于其活动的总成本（社会成本），因而会导致其产量“过剩”；相反，在外部收益得不到补偿的情况下，经济主体实际得到的收益（内部收益或私人收益）会小于其活动的总收益（社会收益），因而其产量会趋向于减少（温来成，2004）。

二　外部效应对社会福利的影响

由于外部效应，买者和卖者在进行市场交易时没有考虑市场行为对其他市场主体的影响，即使是在完全竞争条件下，资源配置也会偏离帕累托最优，从而对社会福利造成影响。现在简单说明正外部效应与负外部效应对资源配置的影响。

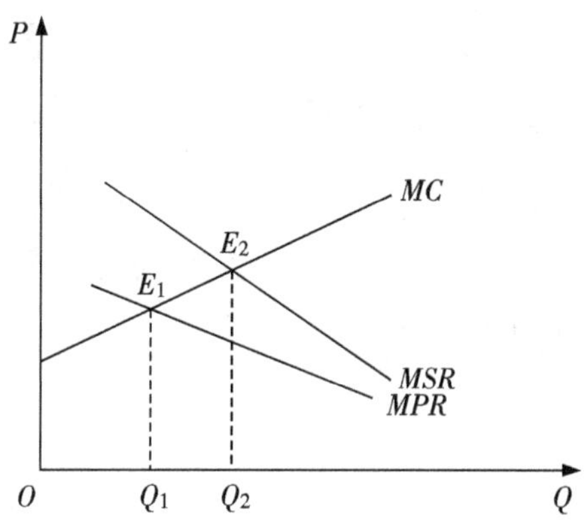

图 5 -1　正外部效应下的资源配置

首先，看看正外部效应对资源配置的影响。如图 5 -1 所示：假设存在正外部效应，即私人市场行为所带来的边际私人收益要小于市场行为所产生的边际社会收益。如果边际私人收益等于边际社会收益，根据完全竞争市场均衡条件 $MC = MR$，此时市场处于出清状态，但由于存在正外部效应，MSR 上移，$MSR > MPR$，边际私人收益 MPR 小于边际社会收益 MSR。在利润最大化激励下，私人根据 $MPR = MC$ 进行决策，对私人来说最优决策点为 E_1，厂商生产的产量为 Q_1；从社会整体角度看，根据 $MSR = MC$，社会福利最大化的点为 E_2 点，而此时社会的最佳产量点应该为 Q_2，显然 $Q_2 > Q_1$。当存在正外部效应时，社会对商品或服务的需求量往往大于厂商实际供给的数量，市场供给不足。公益性农业科技成果有效供给不足，就是正外部效应的典型例子。

接下来再简单阐述负外部效应对社会资源配置的影响。如图5-2所示：当存在负外部效应时，边际私人成本 MPC 小于边际社会成本 MSC，根据 $MR = MPC$，私人利润最大化的决策点为 E_1，私人厂商提供的商品或者服务的数量为 Q_1；从社会角度来看，根据 $MR = MSC$，社会对商品或服务的需求为 Q_2，$Q_1 > Q_2$。即当市场存在负外部效应时，社会对商品的期望需求量小于私人厂商供给的数量，市场上存在过量供给问题。污染物的大量排放是负外部效应的典型例子。

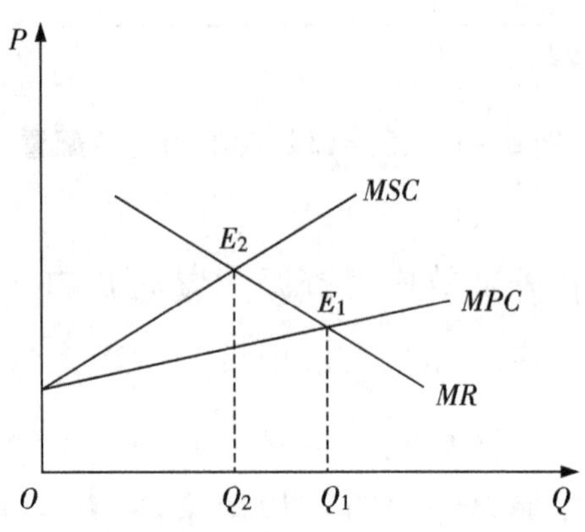

图5-2　负外部效应下的资源配置

第三节　外部效应治理的措施

外部效应内部化（internalize the externalities），即通过制度安排，使得经济主体的经济活动所产生的社会收益或社会成本，转为私人收益或私人成本，使得外部性可以被市场交易，是解决外部效应的指导原则。外部效应问题，可以通过政府治理和私人协商两种途径来解决，其中，政府治理包括市场和非市场化两种方式。但这些方式中的各种具体措施都有其自身的局限性，所以，我们在使用时要注意趋利避害，选择更加有利于达成我们目标的具体措施。

一　政府对外部性问题的治理

政府治理，包括非市场化和市场化两种方式。所谓非市场化方式，是指主要依靠政府的力量来克服和纠正外部效应问题，其常用的措施或方法，主要有经济奖惩（罚款或收税、财政补贴）、公共（行政）管制、法律措施等；而市场方式，主要是依靠市场自身的力量来克服和纠正外部效应，政府只是为市场作用的发挥提供必要的外部条件，包括界定产权、颁发可交易的许可证、为企业合并提供立法保障等。值得注意的是，无论是市场化措施，还是非市场化措施，它们两者之间并不是孤立存在的，而是相互交叉，相互联系的，例如，经济奖惩作为一种行政手段，首先会影响到行为主体的预期收益，最终会促使行为主体改变市场行为，从而达到减少外部性的目的。

（一）非市场化方式

1. 庇古税（补贴）

庇古税，由福利经济学家庇古在解决环境问题时提出。庇古在对马歇尔外部经济理论研究基础上，利用“边际私人收益”、“边际社会收益”、“边际私人生产成本”、“边际社会生产成本”

等概念理解外部经济，并提出了国家进行干预的必要。“虽然边际私人收益和边际社会收益之间的背离是很小的，但是，仍然有趋于背离的可能，此时需要国家干预”。[①] 庇古认为，导致市场配置资源失效的原因，是行为人的私人成本与社会成本不一致，从而私人的最优导致社会的非最优（除了外部性原因外，庇古认为，资源配置失效还与耐用生产设备的使用权和所有权不一致有关）。

所以，可以通过政府征税或者补贴，来矫正经济行为人的私人成本，只要政府采取措施使得私人成本（私人利益）与相应的社会成本（社会利益）相等，则资源配置就可以达到帕累托最优状态。按照庇古的观点，政府通过征收税收的方式，可以使得私人边际成本与社会边际成本相等，从而减少负外部性商品的数量，将外部成本内部化，这被称为庇古税方案；政府通过补贴的方式，促使私人边际收益与社会边际收益相等，从而增加正外部性商品的数量，这被称为庇古补贴方案。庇古税和庇古补贴方法，在外部效应治理中应用非常普遍，尤其是在环境保护领域，它是应用最广泛、最典型的一种方法（温来成，2004）。

通过征收庇古税，可以实现资源有效配置并达到帕累托最优水平，由于庇古税对外部不经济具有矫正性功效，所以又被称为“矫正性税收”（厉以宁等，1984）。作为矫正性税收，庇古税的优势在于它可以很好地避免税收的扭曲性效应。例如，当个人所

---

① 〔英〕A. C. 庇古：《福利经济学》，朱泱、张胜纪、吴良健译，商务印书馆，2006。

得税税率过高时，所得税就有“奖懒罚勤”的副作用，人们会以闲暇替代劳动，相反，庇古税作为一种行政性税收，在初衷上避免了扭曲效应。

然而，庇古税过于理想化，需要精确确定征税的份额，也就是说，必须以税收等于社会最优产出点上的边际外部成本为前提，这就意味着政府必须了解污染损失的准确货币值。由于污染不仅具有多样性、流动性、间接性和滞后性，而且限于人类的认知水平，还具有不确定性，因此，污染的损失很难用货币衡量，政府和企业之间的信息不对称，也加重了获取准确数字的困难，存在税率确定的技术难题。[①] 所以，在实践中，完全遵照庇古税缺乏可行性。现在一般采用的方法是，通过设定环境标准来替代理论上的最佳点，并以此为目标来设计税率。事实上，只要对污染行为征税，就能在一定程度上产生庇古税的作用，虽然税负不能完全等同于理论上的理想水平，但若实际税负与之越接近，则作用越明显，并且政府可以在不断试错的过程中，逐渐趋向最优点。

除了对庇古税的可行性进行怀疑外，经济学家还从理论方面对庇古税进行了批判。西方一些经济学家认为，庇古根据收益递减、收益递增对企业进行分类不过是一些空匣子，并没有实际用处。如果以帕累托最优为目标，对于因外部性而造成的受害者，既不应该征税，也不应该补偿，外部性会对受害者形成非常准确的刺激，从而引导受害者采取自我保护行为，如果再进行补偿或

---

① 百度百科：《庇古税》，http：//baike. baidu. com/view/139800. htm，2012 年 4 月。

者征税，那么，可能会偏离帕累托最优。[1] 他们还认为，从实际情况来看，很难分清哪一个生产部门属于外部经济，哪一个部门属于内部经济，外部经济太复杂以至于难以计算。所以，有的经济学家认为，庇古的这种分析是虚构的，好像是一个帽子铺里货架上摆满了贴上标签的好多盒子，但是，这些盒子都是空的。经济学界对庇古税进行资源配置的批评，一直持续了30年，是当时经济学界的一个重要论战（厉以宁、吴易风、李懿，1984）。

2. 行政管制

行政管制对发达国家和发展中国家来说，都是传统的、占主导地位的管理手段，特别是在环境保护领域，行政管制发挥着巨大的作用。它是指政府主管部门对有关行为制定限制措施，并监督执行，例如，严格限制海洋捕鱼，建立捕鱼控制区域，规定捕鱼时段等。温来成（2004）认为，管制的前提是有一系列污染控制法律，然后根据这些法律制定污染物的排放种类、数量、方式，以及生产工艺等相关指标。管制系统包括：管制指令生成机构、执行机构，以及制裁、监督机构。

依靠强有力的政府对外部性进行管制，采取“命令控制”的方式是最立竿见影的措施，但却不是最有效率的措施。我们以碳排放为例，随着社会的发展，人们发现过度注重经济增长带来了许多环境问题，如温室效应。为了有效解决温室效应问题，需要逐步减少碳排放量，比较容易的办法是政府制定法规，禁止工厂向空气中排放二氧化碳，如果企业违反法规，政府可以吊销其营

① 〔美〕威廉·J. 鲍莫尔、华莱士·E. 奥茨：《环境经济理论与政策设计》，严旭阳编，经济科学出版社，2003。

业执照，甚至给予刑事惩罚。但是，管制需要耗费立法成本、监督成本，信息不透明带来的成本，管制本身还会增加环保的成本，等等，并且彻底地禁止碳排放会制约经济发展。即使管制可以解决环境污染问题，也不能解决所有的外部性问题，例如，政府很难通过立法禁止一些跟道德有关的问题，也不能通过立法强制企业履行提供社会公共服务的职责。除此之外，政府用制定标准的“一刀切”的方法来控制污染，往往抹杀了行业、区域的差别，使污染治理效率高的企业得不到减少排污的有效激励，同时，管制还容易带来寻租问题。

3. 法律措施

所谓法律措施，是指立法部门制定一套法律法规，并由司法系统依靠相关法律对市场主体行为进行裁决。对于负外部效应问题，其实质是行为主体不适当地履行了自己的权利或义务，造成相关主体的利益损失，我们可以运用一般的法律措施进行解决，例如，禁止公共场合吸烟、打击盗版等；而正外部效应问题，由于不同主体间缺乏权利义务关系，很难直接通过法律措施进行解决，我们可以运用一定的技术手段，使不同主体之间产生一定的权利义务关系（梁高峰、李录堂，2007），转化为法律问题，例如，双方签订合同等。但是，法律措施也有着自己的缺点，例如诉讼成本高、诉讼结果不确定、搭便车心理等。

（二）市场化方式

1. 排污权交易

所谓排污权交易（pollution rights trading），是指在一定区域内，在排污总量不超过允许排放量的前提下，设定合法的污染物排放权利，并允许这种权利（一般以排污许可证的形式表现）在市场上出售，使有污染的企业通过货币交换的方式，对排污量进行相互调剂，从而控制污染物的排放总量，达到保护环境的目的。排污权交易是以市场为基础的经济制度，如果一个污染企业通过超量减排实现排污权剩余，它就可以将剩余的排污权出售，获得经济报酬，这就相当于对企业环保行为的经济补偿。反之，购买这些排污权的企业，就不得不为环境破坏付出经济代价。这样，排污权交易就可以在保证污染总量目标得以实现的前提下，给予企业利用技术创新控制排污的激励，从而促使企业自觉改变行为，提高治污的积极性，降低污染量，并从总体上降低社会的污染，增进社会福利。

当政府不能明确合理的庇古税率时，排污权交易不失为一种较好的选择，它可以让有外部污染的企业去竞拍污染许可证，谁出价高，谁就获得排污的权利，避免了税率确定的技术难题；但是，排污权交易也有自身的缺陷，比如让拍卖随行就市，就难以保证筹到足够的环境治理费用或受害者赔偿金等。

2. 企业合并

企业合并，是将外部成本内部化的又一条措施。通过将互相具有外部性的企业合并为一个企业，实现外部决策内部化，促使企业做出最优决策，实现利润最大化。例如，我们知道蜜蜂养殖和水果种植互相具有正外部性，就可以将蜜蜂养殖场和果园合并为一个企业，使得正的外部性内部化，增加收益。

这里需要强调的是，与管制以及征收庇古税相比，企业合并完全可以通过市场自发的力量来完成。如果一个企业的行为影响到另一个企业，那么，他们进行协调后得到的利润之和，就会高于他们单独行动时取得的利润，在利润最大化目标驱动下，企业会主动地寻求协调合作使得外部效应内部化。在产权明晰并且可以交易的情况下，一个企业可以对另一个企业的利润流进行贴现加总，最后通过产权交易方式，取得另一个企业的控制权，合并成一个大的企业，通过合并，买者可以获得更大利润，这样就可以从企业整体角度做出决策，消除负外部性。

尽管企业合并可以使得外部效应内部化，但是，也有其局限性，我们不能保证任何一个发生外部效应的领域，都能通过合并的方式将外部效应内部化，毕竟企业作为一种组织，仅仅是社会主体的一部分，私人之间的外部性就很难通过合并解决。企业合并要求企业的规模足够大，这样会鼓励企业从上游到下游进行兼并，甚至形成垄断，最终对社会福利造成影响。正如鲍莫尔研究的那样，最终市场主体不得不在外部性和垄断之间做出抉择。

二　私人协商解决

上述措施主要是政府出面解决外部效应问题，外部性问题也可以通过私人之间的协商解决，例如通过社会道德规范、协商、签约、慈善行为等方式，也可以消除外部效应。比如说，在社会道德规范方面，我们可以将《论语》中“己所不欲，勿施于人”的观点，内化为自身的道德信念，除关注自身存在外，还应该关注他人的感受；在慈善上，捐助希望学校的行为也能在一定程度上消除外部效应，等等。但是，通过私了的方式解决外部效应，也有其自身的局限性：第一，道德教化的方式虽然成本很低，但却缺乏约束力，道德沦丧使得具有正外部性的行为减少；第二，私了也需要交易成本；第三，不同私了主体之间，也会存在信息不对称问题。这些都增加了通过私人协商解决外部性的难度。

三　科斯定理

在解决外部效应问题的措施中，科斯定理被频繁提及，因此有必要在这里对其进行单独阐述。

从上述讨论中不难看出，产权交易是解决外部性的重要手段，只要我们明确涉及外部效应商品的产权，市场主体总是可以从他们的初始禀赋出发，通过产权交易，实现帕累托最优。产权交易也有自身的局限性，从产权角度来看，外部性存在的原因，在于商品的产权没有界定好，产权不明晰，容易导致社会资源配置的无效率，但一些产权本身很难界定，我们可以通过法律界定污染物排放的产权，却很难通过法律界定大街上大声喧哗的产权。这就需要在组织内部通过协商确立类似产权的权利，再通过交易使得交易双方的境况达到最优。

通过对产权交易的分析，我们就可以较深入地理解科斯定理。科斯定理（Coase Theorem）是由芝加哥大学罗纳德·科斯教授提出的，科斯定理作为新制度经济学的重要组成部分，提供了解决外部性的另一种思路。庇古税为政府干预市场提供了理论依据，但科斯从自由市场角度对庇古税提出了批评。他认为，庇古税解决外部性的策略存在问题，忽视了外部性的相互性，如企业A给企业B带来了负的外部性，单纯地惩罚A是不公平的，因为谁也没有赋予企业 B 不被侵害的权利[①]。同时庇古税仅仅考虑使得社会边际成本和私人边际成本相等，却没有从社会产值最大化或损害最小化的思路去思考外部性。

科斯定理的主要内容是，私人经济主体可以自己解决他们的外部性，假如双方进行私人协商而不需要任何成本，那么，不管最初的产权分配给哪方，有关各方都可以达成一种协议，使得每个人的状况变好。即在交易费用为零的世界里，只要产权明晰，不论初始产权如何分配，自由市场制度都会实现帕累托最优，使得社会福利达到最大化。其中，产权明晰是科斯定理的前提和基础，只有在产权明晰的条件下，才能够自由交易。科斯定理试图说明，即使不存在政府对经济的干预，仅仅依靠市场的力量也可以实现帕累托最优。

科斯定理强调产权的重要性，认为解决外部效应问题的关键是界定和保护产权。所谓产权是经济当事人对其财产（物品或资源）的法定权利，这一权利是排他的、可转让的和永久的，“产权包括一个人或其他人受益或受损的权利”，“产权是界定人们如何受益及如何受损，因而谁必须向谁提供补偿，以使其修正人们所采取的行动”[②]。在市场体制中，一切经济活动都以明确的产权为前提。

若要更深入地了解科斯定理，还必须对交易费用为零这一条件做进一步的说明。产权一般依靠法律制度进行界定，在产权交

---

① 〔美〕R. 科斯等：《财产权利与制度变迁——产权学派与新制度学派译文集》，刘守英等译，上海三联书店，1994。

② 〔美〕登姆塞茨：《关于产权的理论》，《 财产权利与制度变迁——产权学派与新制度学派译文集》，刘守英等译，上海三联书店，1994。

易过程中，获取交易信息，对交易进行监督都需要成本，因此科斯认为，交易费用为零这一假定极其不现实。科斯在交易费用不为零的基础上，指出如果考虑到市场的交易成本，合法权利的初始界定，会对经济制度的运行效率产生影响。[①] 一般把这条定理称为科斯第二定理。相应地，把交易费用为零，产权交易实现帕累托最优的定理，称为科斯第一定理（方福前，2000）。

科斯第二定理试图说明，产权的调整和交易是有成本的，判断是否进行产权交易的标准，是产权交易后增加的社会产值能否大于产权调整和重组的成本。科斯第二定理的意义在于：不同的产权制度和法律制度安排，会导致不同的资源配置效率，产权制度是决定经济效率的内生变量。科斯第二定理可以带来三点启示（方福前，2000）：第一，应该尽可能地选择能够实现资源最优配置的制度；第二，为了尽可能增加社会财富，产权的合法性和合理性界定应该引起立法者的足够重视，只有在产权明晰的情况下，才能通过产权交易解决外部性，合法权利的初始界定会降低契约谈判和监督中的成本；第三，判断某一产权制度优劣的标准，是这项产权配置能否最大限度地降低交易费用。

除了科斯第一定理、科斯第二定理之外，还存在着对科斯定理的另一种解释：在某些条件下，涉及外部效应商品的有效率数量独立于产权分配。[②] 这些条件是指参与交易的行为人对引起外

---

① 〔美〕罗纳德·科斯：《生产的制度结构》，《经济社会体制比较》1992 年第 3 期。

② 〔美〕哈尔·R. 范里安：《微观经济学：现代观点》，费方域等译，上海人民出版社，2006。

部效应商品的偏好是拟线性偏好，也就是说对引起外部效应商品的需求独立于收入分配，进一步的解释就是，引起外部效应商品价格的变化，只有替代效应而没有收入效应。此时，引起外部效应商品的数量是唯一的，且独立于财富的分配。

无论科斯定理怎样描述，产权交易作为减少外部性的重要措施，的确为解决外部性提供了新的思路。科斯定理使人们明白，单纯依靠市场的力量，也可以逐步解决外部性问题，效果甚至比政府管制、征税的效果要好。然而，科斯定理也有其固有的缺陷：第一，有些资源无法私人化，如空气、环境等；第二，当涉及谈判的人数较多时，交易费用非常高，会出现“搭便车”的问题。一些经济学家经过论证认为，当自由交易的行为人超过三个时，科斯定理便不能实现，即“大数目使得科斯定理不能实现”（方福前，2000）。

本章参考文献

[1] 百度百科：《经济外部性》，http：//baike. baidu. com/view/440513. htm，2012 年 4 月。

[2] 智库 · 百科：《外部性理论》，http：//wiki. mbalib. com/wiki/%E5% A4% 96% E9% 83% A8% E6% 80% A7，2012 年 4 月。

[3]〔美〕威廉 · J. 鲍莫尔：《经济原理与政策》，方齐云、姚遂译，北京大学出版社，2006。

[4] 温来成：《政府经济学》，中国人事出版社，2004。

[5]〔英〕A. C. 庇古：《福利经济学》，朱泱、张胜纪、吴良健译，

商务印书馆，2006。

[6] 厉以宁、吴易风、李懿：《西方福利经济学述评》，商务印书馆，1984。

[7] 百度百科：《庇古税》，http：//baike. baidu. com/view/139800. htm，2012 年 4 月。

[8]〔美〕威廉·J. 鲍莫尔、华莱士·E. 奥茨著，严旭阳编《环境经济理论与政策设计》，经济科学出版社，2003。

[9] 梁高峰、李录堂：《正外部性问题法律解浅议》，《甘肃理论学刊》2007 年第 7 期。

[10]〔美〕R. 科斯等：《财产权利与制度变迁——产权学派与新制度学派译文集》，刘守英等译，上海三联书店，1994。

[11]〔美〕登姆塞茨：《关于产权的理论》，《财产权利与制度变迁——产权学派与新制度学派译文集》，刘守英等译，上海三联书店，1994。

[12]〔美〕罗纳德·科斯：《生产的制度结构》，《经济社会体制比较》1992 年第 3 期。

[13] 方福前：《公共选择理论》，中国人民大学出版社，2000。

[14]〔美〕哈尔·R. 范里安：《微观经济学：现代观点》，费方域等译，上海人民出版社，2006。

第六章　公共物品与福利

上一章我们谈到，利用产权交易的方法来解决外部效应问题，但是，当有多个市场主体时，仅仅依靠产权交易很难有效解决外部性。我们把所有消费者必须消费相同数量的物品称为公共物品，由于公共物品的消费具有外部性，而仅仅依靠市场力量很难实现公共物品的最优配置，这时候需要借助政府的力量配置公共物品。在这一章，我们主要阐述公共物品的概念和特征，分析公共物品对社会福利的影响，以及公共物品的最优供给条件与供给方式，最后分析公有地悲剧问题。

第一节　公共物品概述

一　物品的分类

任何私人物品都具有竞争性和排他性等方面的特征。所谓竞争性，是指消费者每消费一单位消费品，就会降低其他消费者消费这一种物品的可能；而排他性是指消费者对于物品有完全的产权，在消费过程中可以排除其他消费者对这一物品进行消费。根据这两个方面的特征，我们可以把市场上的物品，区分为公共物品、私人物品以及混合物品。

所谓公共物品，是与私人物品相对应的一个概念，具有消费的非竞争性、非排他性、效用的不可分割性和消费的强制性特征，一般不能单纯依靠市场机制实现有效供给，因此，公共物品主要由政府来提供；私人物品，是既具有排他性，又具有竞争性的物品，例如，大产权的住房、汽车、笔记本电脑、衣服等。

混合物品或称准公共物品，是指处于公共物品和私人物品中间的产品或服务，兼有私人物品和公共物品的性质。混合物品进一步又可以分成以下几类：①无排他性或弱排他性，但有一定的竞争性的物品，如拥挤的不收费的道路等；②有排他性，但无竞争性的物品，如收费的不拥挤的道路等；③可能发生拥挤的公共物品，布坎南称之为“俱乐部物品”，如草地、矿产资源等。

此外，也有经济学家依据物品的排他性和竞争性不同，将物品分为私人物品、公共物品、公有资源和自然垄断四类[①]（见表6－1）。

① 〔美〕曼昆：《经济学原理》，梁小民、梁砾译，北京大学出版社，2009。

表 6-1　物品的分类

		是否具有竞争性	
		是	否
是否具有排他性	是	私人物品 衣服 个人电脑	自然垄断 有线电视 消防
	否	公有资源 渔业资源 环境	公共物品 国防 知识

二　公共物品的概念和特征

非竞争性是指消费者消费某种产品，不会减少或者影响其他消费者消费这种产品的可能性；非排他性是指无论消费者是否为这种产品支付了价格，都不能排斥社会其他任何人消费某种产品，我们把同时具有非排他性和非竞争性的商品称为公共物品。从成本角度来看，增加一个消费者消费公共物品的边际社会成本为零，或者排除一个消费者消费公共物品的边际社会成本非常大。例如，国防、国家的法律、制度都是典型的公共物品。

公共物品除了具有消费的非竞争性、消费的非排他性外，还具有效用的不可分割性和消费的强制性特征，前者指公共物品是向整个社会共同提供的，具有共同受益或联合消费的特点，社会将公共物品分配给单个消费者的成本非常高，也就没有办法排除任何一个消费者从消费公共物品中获得好处。可以这么说，效用的不可分割性是公共物品具有非排他性和非竞争性的基础；后者则指公共物品的消费不以个人意志为转移，不管你愿意还是不愿意，都在消费，并且都要承担一定的成本。例如，即使是一个罪犯，社会也不会排除其享有国防这一公共物品。

第二节　公共物品对社会福利的影响

一　公共物品的局部均衡分析

（一）私人物品的局部均衡

公共物品如何达到供给的最优状态呢？我们需要对公共物品进行局部和一般均衡的分析，找到帕累托有效配置点，求出满足人们福利最大化的有效供给。在探讨公共物品的局部均衡前，我们先来看一下私人物品的局部均衡，及私人物品最优数量的决定（见图6－1）。

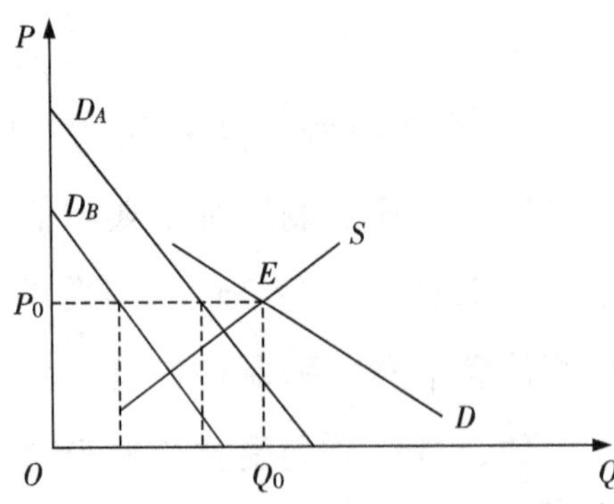

图6－1　私人物品的局部均衡

假设市场上只有消费者 A 和 B，他们的需求曲线为 D_A 和 D_B，商品的供给曲线为 S，由于是私人物品，故市场需求曲线为消费者需求曲线 D_A 和 D_B 的加总，即 $D = D_A + D_B$。市场需求曲线和供给曲线的交点 E 就是均衡点，此时均衡价格为 P_0，均衡产量为 Q_0，这就是私人物品的最优产量。由于供给曲线代表了每个产量水平的边际成本，需求曲线代表了每个产量水平上的边际收益，当价格在 P_0 时，每个消费者的边际收益都等于边际成本，即实现了 $P_A = MR_A = P_B = MR_B = MC$，达到了均衡状态，实现了福利的最大化。

（二）公共物品的局部均衡

在对私人物品局部均衡进行分析的基础上，我们再来探讨一下公共物品的局部均衡。同样，我们假定只有消费者 A 和 B，他们的需求曲线分别为 D_A 和 D_B，公共物品的供给曲线为 S，同时，没有“搭便车”存在，每个人都可以使用等量的公共物品。但是，与私人物品不同的是，公共物品的市场需求曲线不是个人需求曲线的水平加总，而是垂直加总，其根本原因在于公共物品的非竞争性特点，即每个消费者消费的公共物品的量和总消费量是相等的，但总消费量的价格，却等于 A 和 B 支付价格的总和，即 $P_A + P_B = P = MC$。如图 6－2 所示：假设公共物品的数量为 Q_1，消费者 A 和 B 的消费量也均为 Q_1，此时，他们各自愿意支付的价格之和就成了 P_1。

有了公共物品的供给和需求曲线，我们就找到了均衡点 H，公共物品的均衡数量就为 Q_1，也就是公共物品供给的最优数量。同样，由于供给曲线代表了每个产量水平的边际成本，需求曲线代表了每个产量水平上的边际收益，此时公共物品的边际成本为P_1，恰好等于消费者A和B的边际收益之和，即公共物品带来的边际收益之和等于边际成本，$MSR = \Sigma MR = MSC$，公共物品的产量达到了最优状态。

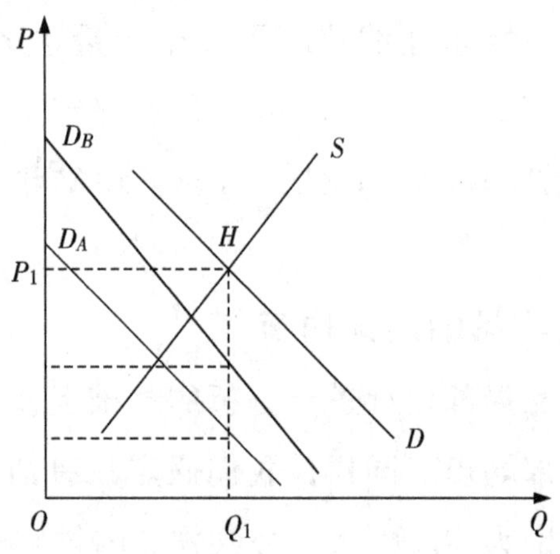

图 6－2　公共物品的局部均衡

二　公共物品的一般均衡分析

局部均衡只适用于分析单一的公共产品，而在现实生活中，人们不仅消费公共产品，还消费私人产品，且产品种类繁多，因此，对公共产品的分析应扩大到一般均衡分析上。

在私人产品的市场中，假定只有A和B两个消费者，X和Y两种产品，L和K两种生产要素，那么，私人产品有效供给的一般均衡条件是：对于不同消费者来说，任意两种商品之间的边际替代率都相等；对于不同生产者来说，任意两种商品之间的边际转换率都相等；生产两种产品的边际转换率等于它们在消费中的边际替代率，即 $MRT_{XY}=MRS_{XY}$。

当存在公共物品时，帕累托最优的条件发生了变化，如图 6－3 所示：假定图（a）中的 A_1、A_2 曲线，是消费者 A 消费私人产品 X 和公共产品 G 的无差异曲线，图（b）中的 B_1、B_2、B_3 曲线，是消费者 B 消费私人产品 X 和公共产品 G 的无差异曲线，图（c）中的 PEQ 曲线，是社会资源用于生产两类产品 X 和 G 的生产可能性边界。现在分析，当消费者 B 的效用水平确定时，使消费者 A 达到最高效用水平所需要满足的条件，也就是实现帕累托最优需要满足的条件。[①]

假设消费者 B 的效用水平既定，将无差异曲线下移到图（c）中，表示为 B 曲线，它与 PEQ 曲线形成两个交点 P 和 Q，从 P 点和 Q 点作垂直于横轴的线，分别与横轴相交于 G_1 和 G_2 点，这表明消费者 B 可能消费 G_1 至 G_2 单位的公共产品。由公共产品的特点可知，消费者 A 同消费者 B 一样，也会消费 G_1 至 G_2 单位的公共产品。这样一来，也可以计算出消费者 A 可能消费的私人商品数量，它是由 PEQ 曲线所决定的消费总量减去消费者 B 的消费量之差。据此，就可从点 G_1 和 G_2 出发，在图（a）中画出消费者 A 的消费可能性曲线 G_1MG_2，它是当消费者 B 的消费满足之后，消费者 A 可能消费的私人产品 X 和公共产品 G 的不同组合。如果 G_1MG_2 曲线恰好与 A_1 曲线相切，切点 M 代表消费者 A 所能达到的最大效用水平。从 M 点作垂线到图（c），不难发现消费

① 百度文库：《公共产品供给的一般均衡分析》，http：//wenku. baidu. com/view/c397bed4b14e852458fb5740. html，2010 年 9 月 19 日。

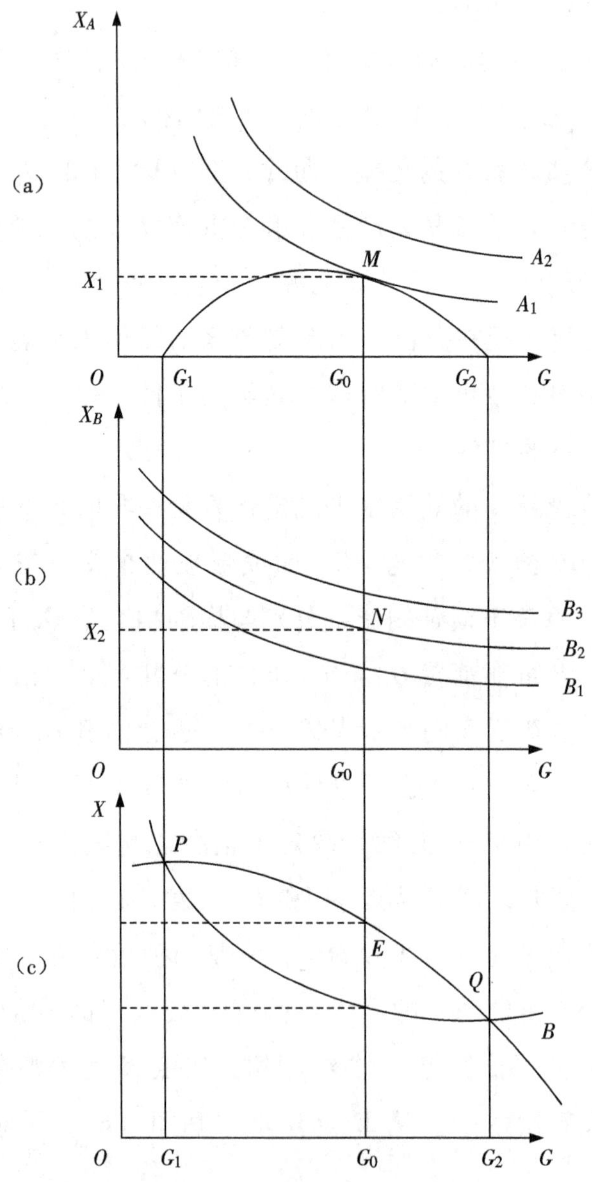

图 6-3　公共物品的一般均衡

者 A 消费 X_1 数量的私人产品和 G_0 数量的公共产品，消费者 B 消费 X_2 数量的私人产品和 G_0 数量的公共产品。

若设 G_1MG_2 线的函数为 f（X_A，G），PEQ 线的函数为 f（X，G），B 曲线的函数为 f（X_B，G），由于 G_1MG_2 线为 PEQ 线下的纵向距离与 B 曲线下的纵向距离相减而得，也即 f（X_A，G）$=f$（X，G）—f（X_B，G），对该式求导后，就可得到这三条曲线的斜率，也就是说，G_1MG_2 曲线上任意一点的斜率等于 PEQ 曲线上对应点的斜率减去 B 曲线上对应点的斜率。在 M 点，G_1MG_2 曲线的斜率等于 A_1 曲线的斜率，而 A_1 曲线的斜率正是消费者 A 消费 X 和 G 两种产品的边际替代率，即 MRS^A；同样，B 曲线的斜率是消费者 B 消费 X 和 G 两种产品的边际替代率，即 MRS^B。事实上，PEQ 曲线的斜率是生产 X 和 G 两种产品的边际转换率，即 MRT。所以，两个消费者的边际替代率之和等于边际转换率，即 $MRT_{GX} = MRS^A + MRS^B$。

将两种产品、两个消费者的模型加以推广，可以推断出，在具有公共产品、私人产品和无数消费者的经济中，公共产品的有效供给的条件，是每个社会成员的边际替代率之和等于产品的边际转换率。用数学表达式，可以表示为在一个有很多消费者、私人物品和公共物品的经济中，帕累托最优条件为：$MRT_{jk} = \Sigma_{i=1}^{n} MRS_{jK}^{i}$，其中 $i=1$，$2\cdots$，n；j，K 表示任意一组私人产品和公共产品的组合。如果公共产品对私人产品的边际替代率，代表个人通过公共产品的边际增量而获得边际效用的增加，由于人人都消费公共产品，因此，必须把个人的边际效用全部加总；边际替代率之和，是指为了得到一个单位的公共产品，所有社会成员愿意放弃的私人产品的总和。也就是说，为了达到帕累托最优状态，人们从公共产品中得到的收益，应等于它的客观机会成本。[①] 同时，我们可以看到，尽管每个人消费的公共物品数量相同，但他们对边际消费量的评价可以不同。

第三节　公共物品的供给

一　公共物品的最优供给量

私人产品的最优供给量是由市场需求和市场供给的均衡所决定的，同样，公共产品的最优供给量也由该物品的需求与供给所决定。而在公共物品的局部均衡分析中，我们已经知道公共物品的市场需求曲线并不是个人需求曲线的水平加总，而是一定消费数量下的纵向加总，公共物品价格是在一定消费数量下，所有消费者的保留价格之和，这一价格构成了提供公共产品的人的总收入。公共产品供给曲线由生产公共产品的边际成本决定，当边际社会收益等于边际社会成本，即 $MSR = \Sigma MR = MSC$ 时，公共物品的产量达到了最优状态，也就是公共物品的最优供给量。

为了更好地说明公共物品的有效供给，这里介绍一下威克塞尔—林达尔均衡模型，此模型是林达尔（Eric Lindahl）在威克塞尔（Knut Wicksell）成果的基础上建立的，主要用来研究公共物品的最优供给量，以及每个个体应该承担的税收成本。该模型指

---

① 百度文库：《公共产品供给的一般均衡分析》，http://wenku.baidu.com/view/c397bed4b14e852458fb5740.html，2010年9月19日。

出，如果每一个社会成员都按照其所获得的公共物品或服务的边际效益大小，来捐献自己应当分担的公共物品或服务的资金费用，则公共物品或服务的供给量可以达到最佳水平。

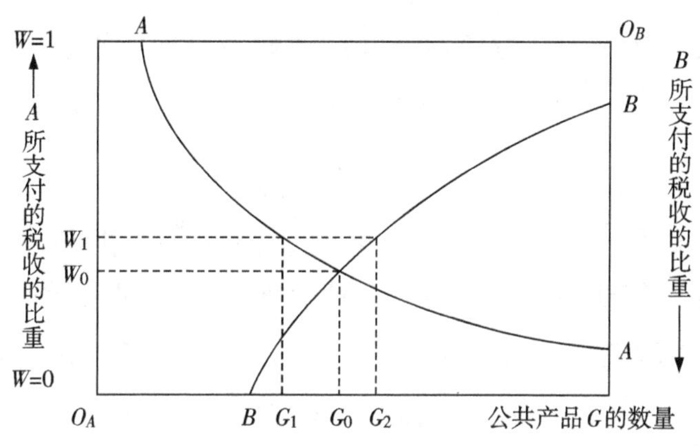

图6－4　威克塞尔—林达尔均衡

假设社会有 A、B 两个消费者，每个人都能准确知道自己的偏好，双方权利相当，且两人赋税总额为 1，刚好等于公共产品的全部成本。具体过程如图 6－4 所示：横轴 G 表示公共产品数量，纵轴 W 代表消费者 A 所支付的税收的比重（或税收价格），即愿意承担公共物品总成本的份额，可见，承担的税收比重越高，消费者 A 愿意消耗的公共产品越少，同理，B 承担的税收比重为 1－W。曲线 AA 和 BB 分别代表个人 A 和 B 对公共产品的需求，原点分别为 O_A 和 O_B。当 A 和 B 两者存在分歧时，权利更大的一方取胜，这是所有双边垄断下的正常结果，但是，由于双方权利相当，他们就可通过谈判、拍卖等机制不断调整税收份额，直到税收份额为 W_0 为止。在点 W_0 处，A 和

B 都同意公共产品的产出水平为 G_0，此时 A 支付税收份额 W_0，B 支付 $1-W_0$，W_0 和 G_0 的组合被称为林达尔均衡，相应的税收价格就是林达尔价格。[①] 可见，威克塞尔—林达尔均衡的核心在于双方必须真实反映出自己对公共物品的偏好，并承担相应的成本，而公共物品的非竞争性和非排他性，决定了消费者倾向于隐藏自己的真实偏好，从而使公共物品实际供给量小于最优供给量。

另外，威克塞尔—林达尔模型可以分为两个阶段。第一阶段，根据特定社会公平标准对全社会的福利分配进行调节；第二阶段，在形成了公正的福利分配之后，下一步再找出合理的公共支出和税收份额。[②] 但是，模型中均衡点的实现，需要所有人对公共物品的数量达成共识并乐于分摊成本，即必须“一致同意”，而当人人权利相等时，任何人对任何一项可能导致其处境恶化的提议都拥有否决权，这使威克塞尔—林达尔模型成为一种理想的构建。

二　公共物品的公共供给

由于公共物品具有非排他性和非竞争性的特征，它的消费需求是公共的或集合的，如果由市场提供，消费者一般不会自愿掏钱去购买，而是等着别人购买后，自己再来免费享用公共物品带

① 论文工场：《威克塞尔—林达尔均衡在改进农村公共产品局部均衡上的应用》，http：//www.lunwengc.com/news_list.asp?id=6397，2011 年 5 月 28 日。

② 百度文库：《公共物品理论》，http：//wenku.baidu.com/view/44e161375a8102d276a22f8e.html，2011 年 12 月。

来的收益，这就是经济学的“免费搭车”现象。

公共物品的本质特征决定了由政府提供的必要性。公共物品的基本特征是非排他性、非竞争性，非排他性决定了人们在消费这类产品时，往往都会有不付费的动机，而乐意成为一名免费搭乘者，这种情形不会影响他人消费这种产品。可以说，在一个经济社会中，只要有公共物品的存在，“免费搭车者”的现象就不可避免，私人企业也会由于不能收回成本，拒绝提供公共物品（温来成，2004）。

所以，竞争性的市场不可能达到公共物品供给的帕累托最优，无法满足社会对这类产品的需求，这时候就存在公共物品供给的市场失灵。当公共物品的供给出现市场失灵时，需要借助政府的力量，依靠财政支出提供公共物品。例如，国防、公共医疗、社会养老保障等都是政府提供的公共物品。

但是，政府提供公共物品也存在很多问题。主要包括：

（1）政府不同机构在提供同种公共物品时缺乏竞争，这必将降低公共部门服务的效率。

（2）消费者最终消费的公共物品，并不以价格的形式表现出来，公众在对政府部门进行评价时，其敏感程度必定低于市场价格。

（3）政府在追求预算极大化时，必然导致公共产品供给量大于实际需求量，导致生产过剩。

（4）政府机构在提供公共物品时，并不以利润最大化作为目标，这必然伴随着较高的成本，还可能会产生寻租问题。

（5）免费搭车等因素造成公共物品有效供给不足。

（6）公共物品界定不清晰，容易造成政府对经济的干预，甚至导致“国进民退”。

三　公共物品的私人供给

在有些领域，如果单纯依靠政府供给公共物品，容易造成政府资金投入不足以及政府管理效率低下等问题，甚至在一些本来不完全属于公共物品的领域，由于政府介入，容易形成政府垄断。政府提供公共物品的这些弊端都会损害社会福利。为了有效克服这些弊端，可以依靠私人力量对某些公共物品进行供给，在解决公共物品资金不足问题的同时，提高公共物品的管理效率。

所谓“公共物品的私人提供”，指的是没有政府介入和强制的个人自愿提供公共物品的情形。然而，私人若想成功地提供某些公共物品，则需要一系列的条件（温来成，2004）。

第一，私人供给的公共物品一般应是准公共物品（即介于私人物品和纯公共物品之间的混合物品）。

第二，准公共物品的规模和范围一般较小，涉及的消费者数量有限。

第三，在公共物品的消费上必须存在排他性技术。

第四，关键的是，私人若想成功地提供公共物品，必须要有一系列制度条件来保障，其中最重要的制度安排是产权。

而公共物品私人供给的形式，总的来说有三种：一是私人的完全供给；二是私人与政府的联合供给；三是私人与社区的联合供给（温来成，2004）。

例如，公路作为公共物品，一般由政府提供，但这些领域完全可以逐步交给市场，由私人来提供。私人按照质量和规划标准出资建设道路，道路建成后，在一定期限内拥有道路不完全产权，如收取过路费等。私人通过收取过路费收回投资成本直至实现盈利。当然这种权利是有期限的，期限由政府和私人通过签订契约的方式确定。需要注意的是，一定要保证政府在与私人签订契约过程中的公正透明，加强监督，防止寻租腐败。至于过路费定价等问题，可以交给市场自己决定，在利润最大化驱动下，完全的竞争可以迫使私人制定合理价格。

四　混合物品的供给方式

在现实世界中，很难将市场的供给和政府的供给截然分开，在许多物品或服务上，两者都是交织在一起的，混合物品兼备公共物品和私人物品的性质，所以，混合物品既可以由私人部门通过市场提供，也可以由政府利用补贴等办法激励市场来提供。

混合物品可以分为两类：

一类是拥挤性公共物品，即随着消费者人数的增加，会减少每个消费者从公共物品中获得的效用，如拥挤的公路（郑文范，2002）。这类物品的特点是随着消费者的增加，消费者的边际收益将不能补偿其带来的成本，出现边际成本大于边际收益的情况，而在供给无法增加的情况下，就只有通过收费来避免过度消费，且收费的数额应该根据边际成本和边际收益来确定。

另一类是价格排他性公共物品，即无竞争性而有排他性的物品。可以说名义上是向社会提供的公共物品，但实际上消费者需要花钱才能享用，如公园、学校等。而这类物品就需要政府给予补贴，否则会出现供给不足的情况。

由于混合物品含有公共和私人成分，所以其定价也就由政府和市场共同决定，即混合物品价格等于市场经营价格加上政府补偿（或规制）价格（伍世安、王万山，2004）。混合物品公共性越强，就越需要政府进行补偿，因而混合物品的价格就越表现为公共价格，反之，就越表现为私人价格。

五　公共物品提供的组织形式

从技术与成本优势看，温来成（2004）认为，各类公共物品可以由多种可替代的组织形式或途径来提供，从而保证公众福利的最大化。根据公共物品的特点和属性，公共事务管理可以通过多样化的制度安排来实现，这包括准商业化和内部市场化、签约外包、服务购买契约、投标招标、特许经营、税收、规制激励、委托和民营化等。

第四节　公有地悲剧

一　公有地悲剧概述

从公共物品角度来看，公共资源是一种准公共物品。“公共资源”是指满足两个条件的自然资源：第一个条件是这些资源不为哪一个人或企业组织所拥有；第二个条件是社会成员可以自由地利用这些资源。这两个条件决定公共资源具备了“竞争性”的特点，但不具备“排他性”的特征。从产权角度来看，公共资源是一种难以划分产权或者是产权不明晰的资源。由于公共资源具有非排他性的特点，当产权不明晰时，在对公共资源利用过程中，容易出现资源过度使用问题，这个问题被称为“公有地悲剧”。

设想有个村庄，村庄有一个湖泊，湖泊归所有居民所有，居民以捕鱼为生。所有渔民共捕鱼 t 天，一个渔民捕鱼一天的成本是 c。假设捕鱼的收益仅仅与捕鱼的天数有关，并用 $R=f(t)$ 表示，c 是一个常数。在此基础上构建一个简单的静态均衡。全村渔民的总利润为 $\pi=R-C=f(t)-ct$。我们需要求解满足利润最大化，即 $Max\pi=max\{f(t)-ct\}$ 的劳动时间 t。

方程两边分别对 t 求导数，当 $\frac{d\pi}{dt}=MR-c=0$，村庄总体利润达到最大化，最大化的条件是 $MR(t)=c$，即渔民每增加一天工作的边际收益等于渔民捕鱼一天的成本。模型试图说明当 $MR=c$ 时，村庄总的利润达到最大化。如果湖泊产权是明晰的，那么，湖泊所有者投入的劳动时间满足 $MR(t)=c$。

然而，由于湖泊属全体居民所有，在缺乏制度约束下，每个渔民都会认为投入捕鱼的时间越多，他获得的收益也就越高，因此，每个渔民都有激励过度捕捞。全体渔民投入的劳动时间为 t，每个渔民的劳动生产率是相同的，一个渔民捕鱼一天的平均收益为 $AR=\frac{f(t)}{t}$，由于捕鱼的边际收益是逐渐递减的，所以 AR 也是逐渐递减的，$\frac{f(t+1)}{t+1}\leqslant\frac{f(t)}{t}$。对每一个居民来说，只要 $AR>c$，那么，他就有激励增加打鱼时间，直到 $AR=c$ 为止。在产权不明晰条件下，全村居民投入的劳动时间满足 $AR(t)=c$。当由个人决定是否增加劳动时间时，他唯一关注的是平均收益 $AR(t)$ 与成本 c 之间的关系。这种考虑对个体来说是理性的，对总体来说却是非理性的，因为这忽视了私人决策的外部性：私人每增加一单位劳动时间，会使得所有其他单位劳动时间的产值下降。

为了对 $MR(t_1)=c$ 与 $AR(t_2)=c$ 中，t_1 与 t_2 的大小进行比较，首先要证明 $MR(t)$ 与 $AR(t)$ 的逻辑关系。

由相关定义可以得知：$MR=\frac{dTR}{dt}=\frac{d(AR\times t)}{dt}t=AR+\frac{dAR}{dt}t$。

即 $MR-AR=\frac{dAR}{dt}$。

又因为 $\frac{f(t+1)}{t+1}\leqslant\frac{f(t)}{t}$，即 $\frac{dAR}{dt}\leqslant 0$。

所以 $MR-AR\leqslant 0$，在相同的时间投入 t 下，$MR(t)$ 小于 $AR(t)$。明确了 $MR(t)$ 与 $AR(t)$ 的关系，我们就可以对 $MR(t_1)=c$ 与 $AR(t_2)=c$ 中的 t_1 和 t_2 进行比较。由于 $MR(t)\leqslant AR(t)$，所以，边际收益曲线位于平均收益曲线的下方，当 $MR(t_1)=c=AR(t_2)$ 时，全体渔民的捕鱼时间 t_1 小于等于捕鱼时间 t_2。也就是说产权不明晰的渔场存在着过度捕捞问题。

二　解决公有地悲剧的措施

解决公有地悲剧的基本措施是明晰产权，使得公共资源具有排他性。通过明晰产权，规定资源属于某个市场主体所有，市场主体能够自由决定资源的用途以及有权排除其他群体过度使用资源。在交易成本为零或者交易非常小的情况下，仅仅通过市场私人机制，就可以逐步实现公共资源的最优配置，防止公有地悲剧的发生。

除此之外，还可以通过制定规章制度等措施，限制公共资源的过度使用，依靠法律的强制性，保证规章制度的实施，避免公有地悲剧。无论是明晰产权，还是制定规章制度，都需要以法律为基础。因此，解决公有地悲剧需要加强立法工作，通过法律保障公共资源的有效利用，这也是中国当前迫切需要完善的工作。

三　解决公有地悲剧的另一种尝试

解决公有地悲剧，除了依靠政府的力量以及彻底的产权私有化之外，埃莉诺·奥斯特罗姆从博弈论角度，探索了在理论上可能的政府和市场之外的自主治理公有地悲剧的可能性。① 奥斯特罗姆详细研究了一群相互依赖的委托人怎样组织起来，通过自主治理，克服“搭便车”、规避责任或者其他机会主义行为诱惑，并最终取得持久的共同受益。她指出公共池塘资源的使用者，可以通过自筹资金来制定并实施使用公共池塘资源的合约。她认为要想解决公有地悲剧，需要具体解决三个问题：新制度的供给、可信承诺，以及相互监督问题。奥斯特罗姆在大量实证分析基础上，总结了什么样的自主治理制度设计，可以更加有效地解决公有地悲剧，即我们通常所知的 8 项原则。

（1）清晰界定边界：包括公共资源的边界，以及可以享用公

① 〔美〕埃莉诺·奥斯特罗姆：《公共事物的治理之道》，余逊达、邱红译，上海三联书店，2000。

共资源的每一个市场行为主体的权利边界。

（2）占用和使用公共资源的规则，要与当地自然、经济、社会发展状况相适应。

（3）参与式的集体选择安排：每一个公共资源享受者都有权利参与规则的构建和修改。

（4）可以对制度制定者、资源享受者进行有效监督。

（5）分级制裁：违反规则，过度消费公共资源的市场主体，要受到其他使用者以及政府的制裁。

（6）当产生冲突时，占有者和政府可以迅速地用最小的成本，通过相互协商平台解决冲突。

（7）自我组织：占有者制定公共资源使用规则不受外部力量（政府、利益集团）的干涉。

（8）组织内部的分权：在多层次分权的组织中，通过将占用、使用、监督、惩罚等行为分权，保证规则实施的公平性。

尽管奥斯特罗姆从自主组织和制度分析角度，提供了解决公有地悲剧的新途径，但是，奥斯特罗姆也承认，这种理论框架是不完美的。这种理论框架没有考虑新制度经济学关注的信息成本和交易成本，没有反映制度的渐进性和制度自主转化的本质，也没有分析内部变量是怎样影响规则的集体供给，以及忽视了外部政治制度特征的重要性。

但是，作为解决公有地悲剧的新的理论框架，奥斯特罗姆的自主治理的方法是对依靠外部力量（政府强制或者明晰产权）解决公共问题的有益补充，奥斯特罗姆提供了一种新的研究思路：即依靠局部团体的自主的契约安排，可以解决公共事物问题。奥斯特罗姆也因为在公共事物治理方面的理论贡献，而获得了 1997 年的弗兰克·E. 塞德曼奖，以及 2009 年诺贝尔经济学奖。

本章参考文献

［1］〔美〕曼昆：《经济学原理》，梁小民、梁砾译，北京大学出版社，2009。

［2］百度文库：《公共产品供给的一般均衡分析》，http：//wenku.baidu.com/view/c397bed4b14e852458fb5740.html，2010 年 9 月 19 日。

［3］论文工场：《威克塞尔—林达尔均衡在改进农村公共产品局部均衡上的应用》，http：//www.lunwengc.com/news_list.asp？id = 6397 2011 年 5 月 28 日。

［4］百度文库：《公共物品理论》，http：//wenku.baidu.com/view/44e161375a8102d276a22f8e.html，2011 年 12 月。

［5］温来成：《政府经济学》，中国人事出版社，2004。

［6］郑文范：《公共经济学》，东北大学出版社，2002。

［7］伍世安、王万山：《混合物品的价格形成与优化分析》，《当代财经》2004 年第 1 期。

［8］〔美〕埃莉诺·奥斯特罗姆：《公共事物的治理之道》，余逊达、邱红译，上海三联出版社，2000。

第七章　信息不对称与福利

同垄断、外部效应等问题一样，信息不对称也会导致价格机制的失效，从而造成“市场失灵”。本章将首先阐述信息不对称理论，以及信息不对称对福利的影响，然后讨论相应的政府规制，最后，对次优理论以及第三优理论进行简单的描述。

第一节　信息不对称理论概述

信息是具有价值的稀缺资源。然而，在经济学研究中，人们常常忽视这一命题，而假定在生产领域中技术是已知的，生产者充分地了解自己的生产函数，在消费领域中消费者的偏好也是已知的。这些完全信息的假定，显然不符合现实，在现实经济中，交易双方的信息是不对称的，获得的信息也是不完全的，这会影响到市场机制的运行，甚至导致“市场失灵”。

1970 年，阿克洛夫（George A. Akerlof）对旧车市场的研究，揭示了市场交易双方之间信息的不对称，会影响到价格机制的作用，损害资源配置的效率，从而进一步导致“市场失灵”。

后来，斯蒂格利茨（Joseph E. Stiglitz）和斯宾塞（Michael Spence）利用信息不对称理论，分别对金融市场、劳动力市场进行了深入的研究。近30年来，博弈论与信息经济学的发展为研究分析信息不对称问题提供了工具支持，博弈论研究的是给定信息结构的决策问题，信息经济学研究的是给定信息结构，什么是最优的契约安排。在一定意义上讲，信息经济学可以看做博弈论的一个分支。这些都拓展了信息不对称问题研究的深度和广度。

信息不对称，是指交易双方掌握不同的信息量，一方参与者掌握着另一方参与者所没有的信息；不对称信息，指的是某些参与者拥有但另一些参与者不拥有的信息。在经济学中，一般将交易中拥有私人信息的参与者称为代理人，不拥有私人信息的参与者称为委托人。当参与者 A 授权参与者 B 代表 A 从事某种活动时，委托—代理关系就发生了，A 称为委托人，B 称为代理人。信息经济学中，委托—代理关系通常用来泛指任何一种涉及非对称信息的交易，知情者是代理人，不知情者是委托人。这样定义的隐含假定是，知情者的私人信息（知识、能力或态度等）影响不知情者的利益，或者说，不知情者不得不为知情者的行为承担风险（张维迎，1996）。

第二节　信息不对称与福利

按照信息不对称发生的时间，可以将信息不对称划分为两种类型：发生在行为人签约之前，称为事前不对称性；发生在行为人签约之后，称之为事后不对称性。研究事前信息不对称的模型称为逆向选择模型，研究事后信息不对称的模型称为道德风险模型。值得一提的是，尽管委托－代理关系通常涵盖了所有的信息不对称问题，但一般所说的委托－代理理论主要是指道德风险模型。在这一节中，我们将详细介绍信息不对称的两种类型：逆向选择和道德风险，讨论解决这两大问题的基本措施，包括信号示意（信号传递）、信息甄别、监督、激励兼容等，并分析逆向选择和道德风险对社会福利的影响。

一　逆向选择

逆向选择，是指由于市场的一方参与者不能察知另一方的商品的类型或质量，加之信息获取的高成本，致使低质量的商品最终挤出高质量的商品的现象（马云泽，2008）。我们平时所说的“劣币驱逐良币”就是典型的逆向选择现象。由于逆向选择是委托人不能察觉代理人商品类型或质量，所以它有时也被称为隐藏信息问题。

阿克洛夫的柠檬市场是逆向选择的典型[①]，现实生活中逆向选择的例子也有很多，比如说，大学生找工作时，经常找不到跟专业能力相关的工作，其重要原因之一就是逆向选择。由于人力资源主管不了解交易对象即大学生的信息，很难对其进行甄别，结果往往是按交易对象的平均质量（例如平均能力）定价。尤其是，由于不同质量的交易对象之间存在着外部效应，低质量交易对象影响到人们对相似交易对象的评价，导致人们降低对高质量

① 乔治·阿克洛夫：《“柠檬”市场：质量的不确定性和市场机制》，《经济导刊》2001 年第 6 期。

对象的定价，此时低质量对象对高质量对象产生了负外部效应。由第五章的分析可知，外部效应的存在必然导致“市场失灵”和社会福利的减损。

外部效应内部化是解决“市场失灵”的重要措施。所以，交易主体通常可以利用信号示意或者信息甄别使外部效应内部化。信号示意与信息甄别，都是针对逆向选择而做出的决策，前者是代理人对委托人，后者是委托人对代理人（马云泽，2008）。例如，高素质的大学生应聘者可以通过显示较高的学历与实习实践经历作为信号示意的内容，将自己与其他的大学生区分开来；人力资源管理部门也可以通过完善的面试系统，以绩效工资为主的薪酬制度筛选人才。

然而，由于市场上交易对象和交易类型繁多，信号示意、信息甄别也要付出较高成本，因此基本上不可能将全部的外部效应内部化。信息不对称导致的“市场失灵”现象在社会中普遍存在。

二　道德风险

道德风险是指委托人和代理人达成协议后，代理人缺乏防范意识与从事败德行为的经济学现象。以保险业为例，道德风险是指个人在获得保险公司的保险后，降低防范意识，减少提防行为，致使风险发生的概率增大。道德风险同样源于信息不对称。即使签约时双方的信息是对称的，然而签约后委托人不能观察和监督代理人的行动，代理人有可能谋取私利从事败德行为，给委托人带来损害。由于道德风险产生的原因是委托人不能察觉代理人的行动，因此道德风险有时也被称作隐蔽行动问题（张维迎，1996）。

相对于逆向选择而言，道德风险在现实生活中更为常见。当代理人和委托人的利益不一致时，由于委托人不能完全察觉到代理人的行动，作为理性“经济人”的代理人就有使自己利益最大化的动机，其行为可能会对委托人的利益造成损害。例如，大学生进入企业后，在不合理的薪酬制度下，有可能消极怠工，人力资源管理部门作为委托人，很难对此进行有效监督。这势必会影响人力资源部门对相似大学生（学校、学历相似）的评价，造成新一轮的逆向选择问题。

道德风险也可以用来解释我国建国伊始人民公社的低效率。建国之后，国家和村集体通过法律方式签订协议：大部分农村土地归集体所有，由集体负责耕种，收获的农产品大部分缴纳给国家。这样国家成为委托人，村集体成为代理人。由于缺乏有效的激励和监督措施，村集体村民的生产积极性非常低，造成农业生产效率低下。

委托人一般可以通过两种措施有效解决道德风险问题。第一种措施是加强对代理人的监督。然而监督也是有成本的，而且完全监督容易激化委托人和代理人之间的矛盾，因此仅仅依靠监督很难消除道德风险；第二种措施是激励相容，即委托人通过设计一种激励相容的机制，来诱使代理人选择委托人所希望的行动。激励相容是指通过设计一种机制，当代理人实现利益最大化时恰好可以实现委托人利益最大化。例如，公司按照绩效发放工资，股东对管理人员的股权激励，我国改革初期的“大包干”都是激励相容的典型。

然而，激励兼容的效果实际上是以委托人让出一部分自身利益为代价而实现的。所以在涉及隐蔽行动的市场均衡中，通常包含某种形式的配给，也就是说委托人本来可以提供得更多，但他们不想这样做，因为这样做会改变代理人的激励。可见，与完全信息下的市场均衡相比，这种均衡通常是低效率的（马云泽，2008）。

通过上述分析，我们了解了应对信息不对称（委托－代理）问题的基本措施，主要包括信号示意（信号传递）、信息甄别、监督、激励兼容。除此以外，我们还可以用熟人社会（重复博弈）以及政府规制（第三节单独详述）来应对信息不对称问题。

所谓熟人社会，费孝通认为，就是大家彼此比较熟悉的社会结构。从经济学角度来看，重复博弈是熟人社会的显著标志，在熟人社会里，交易主体之间都存在着重复博弈的可能，信誉、口碑在熟人社会非常重要。这里所说的熟人社会，并不否定理性人假设，熟人社会的消费者也是追求个人效用最大化，生产者也是追求利润最大化，市场也是以实现帕累托最优资源配置为目标。但是，在熟人社会里，信息不对称所带来的市场混乱要小得多，原因在于，在熟人社会这个条件约束下，诚信是追求利益最大化的必要条件，由于是重复博弈，并且重复的次数是未知的，在这种情况下，为了下一次市场交易，每一个市场主体都会诚信买卖，从而实现长期、动态利益最大化。市场经济的发展是一个熟人社会逐步瓦解的过程：伴随着分工细化以及人力资源流动、资金流动越来越频繁，市场主体彼此之间越来越不熟悉，非人际约束（法律、制度）逐渐替代人际约束（风俗习惯）成为约束社会的主体。如果某个市场参与者明天就要离开社区了，在利益驱动下，他和这个社区的市场主体交易时还会诚信经营吗？在熟人社会逐渐瓦解过程中，为避免信息不对称所带来的市场混乱，必须建立信誉体系。信誉具有“区分市场”的作用，可以逐步消除由于信息不对称和不完全所造成的市场混乱。当由于信息不对称而不能区分商品质量时，信誉成为“商品质量”的替代品，信誉好的商品意味着质量高，信誉差的商品意味着质量低。信誉也使得“高质高价”成为可能，“高质高价”激励了生产和销售优质产品的企业，同时也惩罚了生产和销售劣质产品的企业，最终提高了企业诚信的收益和欺骗的成本。另外，信誉体制建成后，还需要通过网络等现代科技手段，让每一个市场参与者可以有效地了解每个市场主体的信誉情况，让市场参与者在交易时都可以参照上一笔交易（以前发生的所有交易）的信誉情况，从而使得每一笔交易都是“重复博弈”，这样可以有效解决信息不对称条件下的混乱情况。

三　逆向选择和道德风险的福利损失

（一）打破了完全竞争市场均衡

逆向选择涉及交易双方隐藏信息，由于正品和次品这两种商品之间存在外部性，最终使得次品挤出正品，相对于信息对称的完全竞争市场来说，逆向选择使得市场上的交易变少；道德风险涉及交易双方隐藏行动，尽管委托人愿意提供更多的商品、服务以及岗位，但是，这些会改变对客户（应聘者）的激励，最终影响委托者的选择，相对于信息对称的完全市场来说，道德风险也使得市场上的交易变少。完全竞争市场均衡的打破，最终造成社会福利损失。

（二）增加交易成本

为了应对逆向选择问题，委托人需要在交易达成前，收集信息并进行信息甄别，有的领域的信息甄别难度较低，有的领域的甄别难度较高，对于那些信息甄别难度较大的领域，收集信息的成本也就较高。为有效解决道德风险问题，委托人需要对代理人的行为进行监督，并且监督成本往往非常大。当然，也可以通过制度来约束或者激励代理人，不过制度的制定、执行、监督也需要成本。可见，信息获取和甄别成本、监督成本、制度制定成本等，增加了交易成本，影响了交易双方的最优选择，造成福利损失。

（三）信息不对称与市场失灵

以前在对完全竞争市场进行分析时，并不考虑商品质量上的差异和不完全信息对供求规律的影响，如果引入质量问题，信息是否完全就会对经济分析产生不容忽视的影响。在完全竞争市场上，商品价格和消费者对商品的需求是反向变化，商品价格和生产者对商品供给是同向变化。但在信息不对称的市场，需求规律可能发生变化，从而造成市场失灵。

以阿克洛夫的旧车市场模型为例，在旧车市场中，买卖双方在有关车的质量方面存在信息不对称。卖者知道车的真实质量，买者并不知情，只知道车的平均质量，因而只愿意根据平均质量支付价格，迫使拥有高于平均质量汽车的车主退出交易，促使拥有低于平均质量汽车的车主进入市场。[①] 这将导致市场上旧车的平

① 百度文库：《信息不对称理论》，http：//baike. baidu. com/view/1302679. htm，2012 年 4 月。

均质量进一步降低，购买者愿意支付的价格进一步下降，越来越多的较高质量的车势必退出市场。如此恶性循环，最后是只有较低质量的车，才能在均衡的情况下成交，在极端的情况下，市场甚至不再存在。为什么会出现这种情况呢？这是因为在完全竞争市场下，由于商品的同质性和信息的完备性，经济分析一般并不考虑商品质量上的差异，以及不完全信息的作用，而一旦引入质量差异问题，信息完全与否，就会对经济分析产生极其重要的影响。

假如在某种商品市场中，商品存在质量差异。当消费者对商品的质量具有完全信息时，消费者可以把不同质量的该种商品视为不同种类的商品，其愿意支付的价格也就自然有所不同，这时质量差异问题并不会对经济分析产生影响。然而，如果消费者只知道这种商品质量不同，但不知道其中哪些质量高，哪些质量低，这时消费者一般要借助商品外在的差异（例如，商品保修期限的长短、品牌等）来判断商品质量的优劣。保修期限长、品牌好，通常意味着产品质量优，因为对于劣质产品而言，较长的保修期和建立品牌的投入，是不划算的；但是，如果这种外在的差异不存在，消费者就只能根据商品的价格来判断商品的“平均”质量。根据供需规律，当商品价格下降，市场上该商品的供给量就会减少，然而，在减少的供给量中，主要是那些质量较高的商品，因为在较低价格水平下生产高质量的产品不再划算，这必然使得剩下的商品的平均质量下降。同理，当商品价格上升时，市场上该商品的供给量将增加，增加的主要是那些高质量的商品。[①]

---

① 智库·文档：《信息严重不对称行业规则》，http：//doc.mbalib.com/view/9ee9d312c5a79bab6d84bobf30a4ca51.html，2012年6月。

我们可以通过图 7－1 所示的商品的价格与平均质量之间的关系，来更直观地理解这种情况（谢地，2003；高鸿业，2007）。q 是商品的平均质量，P 为商品的价格，qc 曲线为价格质量线，qc 曲线向右上方倾斜，并向上突出（凸向上），这表示价格变动对平均质量的影响是递减的，在价格下降到零以前，平均质量就已经下降到零。根据商品价格与平均质量的这种关系，可以推导消费者在不完全信息条件下的商品需求曲线。由于消费者在购买商品时，既要考虑价格，又要考虑质量，我们将价格和质量进行组合，构成一个新的指标，即单位价格上的质量 q/p，它表示 qc 曲线在相应价格水平上的点到原点连线的斜率。由图 7－1 可知：q/p 在连线与 qc 曲线相切时，即在价格 p_0 时达到最大。也就是说，q/p 刚开始时，随着价格上升而上升，上升到最高点后，则随着价格的上升而下降。

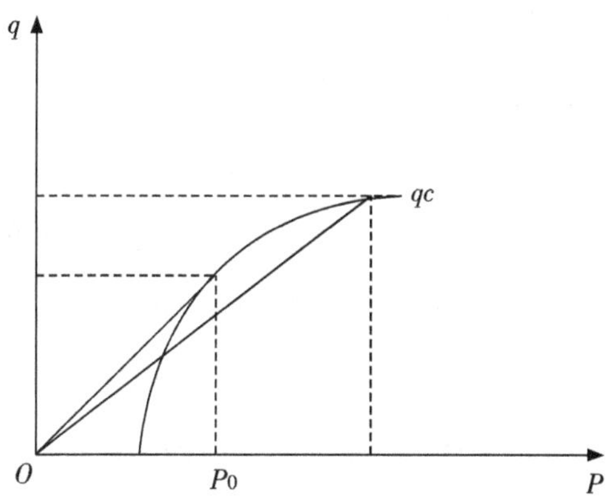

图 7－1　商品价格与平均质量间的关系

在完全竞争市场中，需求曲线原本应该向右下方倾斜，而在不完全信息条件下的商品需求曲线和供给曲线，如图 7－2 所示。

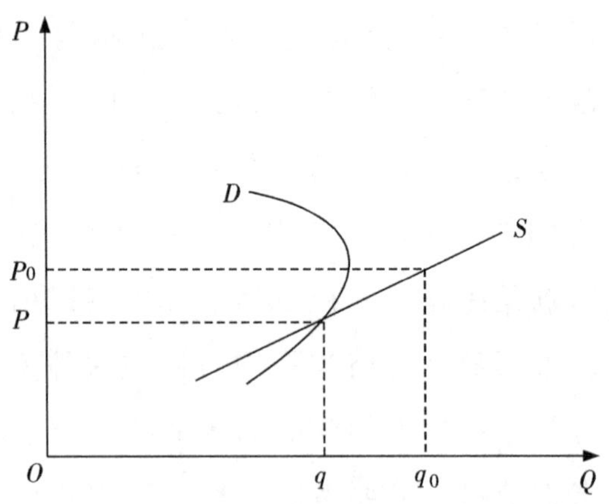

图 7－2　信息不对称下的商品供求关系

可见，消费者所追求的 q/p 在价格 P_0 上达到最大，这时，不管价格上升或下降都会使需求下降，我们也可解释为由于买者知道价格越低，产品质量越低，因而价格下降时，购买量也下降，因此在信息不对称的情况下，我们得到与一般需求曲线不同的需求曲线，即需求曲线的后半部分变成了向左弯曲（见图 7－2）。此时，我们可以看见供给曲线和需求曲线相交时，均衡价格为 P，但它却不是最优价格，因为，如果我们把价格再提高一点，那么，根据需求曲线，就可以增加产量，而在较高的产量上，就会出现需求曲线高于供给曲线，即需求价格高于供给价格，消费者和生产者都会获得更大的利益。而最优价格为 P_0 时，生产者的供给数量将大于消费者的需求数量，出现了非均衡状态，这显然也是违背帕累托最优标准的。由以上分析可见，信息不对称的存在，会严重影响价格机制的资源配置作用，在一定程度上会导致"市场失灵"（谢地，2003）。

第三节　基于信息不对称的政府规制

一　基于信息不对称的政府规制概述

正如前文所述，信息不对称，是指交易双方掌握不同的信息量，一方参与者掌握着另一方参与者所没有的信息，当存在信息不对称时，市场交易前后可能分别发生“逆向选择”和“道德风险”，这不仅会使得市场效率低下，甚至可能导致市场的消失，这就为政府的规制干预提供了理由。林晓华（2006）认为，政府规制，即为政府依据法律法规对市场活动所进行的规定和限制行为，按照其调整的对象，通常分为经济性规制和社会性规制。经济性规制，是指政府对企业定价、进入与退出、投资和质量等方面进行约束，重点针对具有自然垄断、信息不对称等特征的行业；而社会性规制，则是有关环境保护、生产安全、产品质量、卫生健康等方面的政府规制。

与市场解决信息不对称的方法不同，政府规制具有强制性，它直接命令市场交易方（特别是信息优势方）必须披露某些重要信息，采取相关的风险防范措施，以规避意外事件的发生，否则就会受到相应的处罚。例如，上市企业信息披露规制、进入和价格规制、产品和服务质量规制、工作环境安全规制、特殊职业许可证等，都是政府为缓解信息不对称问题采取的规制手段。除此以外，政府还采用其他方法来解决信息不对称问题，例如，成立专门的资信调查局，调查市场中交易者的信用，并有专门的政府机构负责社会经济信息的统计、分析、研究等（曹国利，1998）。正是由于政府规制的强制性，使其在处理信息不对称问题时具有很多优势，例如节约交易成本、降低信息甄别成本、保证商品和服务的质量等。

我国政府经济性规制涉及多种基础行业，不同的行业都设定了进入和价格规制，并颁布了相关的法律法规进行约束，由不同的规制机关进行监督和管理。例如，在民航业，企业要进入必须得到民用航空总局的许可和执照，按法定价格定价，遵守相关法律法规，并接受民用航空总局和物价局等机构的监督和管理等；在自来水行业，企业必须得到特许经营，通过听证会、公告等方式来进行价格核定，并接受建设部、地方政府部门的监督管理等。在政府的经济规制中，比较典型的有金融业规制、劳动力市场规制等，下面以金融业规制为例，来探讨信息不对称下的政府规制。

二　金融业规制

（一）金融业规制的理论依据

随着经济的发展，金融业在国民经济中的地位越来越重要。金融是指资金融通。融资者通过金融体制，可以获得投资者的闲置资金，对项目进行投资，并支付给投资者利息或红利。从个体来看，在资本自由流动的情况下，金融体制改善了两者的境况，实现了帕累托改进；从社会范围来看，通过资本的优化配置，实现社会资源的优化配置，最终促进国民经济的繁荣发展。金融市场主要包括债券市场、股票市场和外汇市场，金融市场的主要作用是通过各种渠道使得资金从拥有闲置货币的人手中转移到资金短缺的人手中[①]。为了促进金融市场的良好运行，需要大量的金融机构如银行、保险公司、共同基金等金融中介机构进行运作，从而促使金融市场以最小的交易成本和最短的时间将资本转移到最需要的投资者手中。

但是，金融市场却是信息不对称相对严重的行业，很多金融主体依靠信息来获取超额利润。因为金融业与实体经济不同，随着大量金融衍生品的出现，非专业人士越来越难以明白金融市场内部复杂的产品结构，不管是对其投资人，还是对外部监管者来说，其知识结构都不可能跟上飞速发展的金融创新（张国庆、刘骏民，2009），导致严重的信息不对称。虽然在长期发展中，金融市场自身逐渐形成了一系列特定制度与机制，来减少信息不对称的不利影响，但是，金融市场中信息不对称的负作用不可能完全消除。由于某些金融市场特定机制的目的在于降低交易成本，这些特定机制本身也会带来新的信息不对称（谢地，2003）。

按金融市场中的信息不对称发生主体的不同，可以把金融市场信息不对称分为两类：即投资者与融资者之间的信息不对称、投资者与金融中介之间的信息不对称。

1. 投资者与融资者之间的信息不对称

投资者与融资者之间的信息不对称表现为融资者拥有的私人信息大于投资者拥有的私人信息，融资者成为代理人，投资者成为委托人，在金融交易中融资者处于优势地位。投资者和融资者

① 弗雷德里克·S. 米什金：《货币金融学》，郑艳文、荆国勇等译，中国人民大学出版社，2011。

之间信息不对称是由金融业本身的特点所决定的。影响投资者决策的因素主要有投资的预期回报率和风险的大小，而这两者都是不确定的。不确定性信息往往带来更高的风险溢价，提高信息自身的价值，因此，与一般商品市场相比，信息不对称对金融市场的影响更为严重。

信息不对称，无疑会影响到金融交易的进行，制约金融市场的发展。投资者在进行投资签约前，要收集大量信息，收集成本高并且可信度低，融资者有私人信息，具有相对的优势地位，可能会隐蔽信息，投资者面临逆向选择的困局；而在签约后，投资者也不能对融资者进行有效监督，当投资完成后，投资者很难避免融资者的道德风险问题，从而使得自身利益蒙受损失，这样就影响了投资者的投资选择和投资积极性。

为有效避免融资者和投资者之间的信息不对称，金融市场逐渐形成和发展了各种金融中介，以缓解信息不对称对金融交易的不利影响。金融中介，包括商业银行、信托投资基金、证券经纪人和保险公司等多种形式。金融中介在金融市场中主要有两个作用：一是降低交易成本；二是风险分担，以弱化信息不对称的影响。金融中介在金融市场中，主要是通过资产组合发挥作用，运用示意性投资，在投资者和融资者之间传递信息，并代表投资者对融资者的经营活动进行监控。

交易成本，是在金融交易过程中所消耗的时间和金钱，金融中介机构之所以能够降低交易成本，在于金融中介机构的技术优势和规模经济效应。金融中介能够进行风险分担，得益于金融中介能够减少投资者资产收益的不确定性，金融中介机构可以通过资产转换，即将资产转化为对投资者而言安全性更高的产品，以及提供资产组合的方式为投资者分担风险，这样，通过降低交易成本以及分担风险，可以降低投资者获取收益的不确定性，有效地降低信息不对称对投资者的影响。当然，为了更好地降低信息不对称的影响，金融中介机构还可以选择示意性投资，以及对融资人进行监督的方式。

由于金融中介拥有融资者的大量信息，因此可以对融资者的经营状况进行评估，以此决定购买什么样的金融资产组合。除此之外，金融中介还可以将购买的金融资产组合推荐给外部投资者，或者通过金融创新的方式，以金融契约的形式卖给投资者。通过“信号示意”，向投资者表明两者之间具有共同利益，从而保证信息的有效性和可信性，达到分散风险的目的。金融中介的规模优势和完备知识可以减少对多个融资者监督的成本，具体来说，金融中介对融资者的监督活动涵盖了签约前后：签约前金融中介对融资者的信息甄别可以有效降低逆向选择，降低风险；签约后金融中介对融资者的监督可以降低道德风险，促使融资者履行合约；当出现违约时，金融中介可以通过完备的专业知识，获得尽可能多的赔偿。

金融中介机制可以有效消除融资者和投资者之间的信息不对称，由于金融中介和投资者之间并不是完全利益相容，这样两者之间也会出现信息不对称，金融中介的金融创新深化了这种信息鸿沟。

2. 投资者与金融中介之间的信息不对称

投资者和金融中介机构之间信息不对称，是由金融中介的经营特性所决定的，它不仅影响资源配置的效率，严重的话，还可能危及到金融市场的稳定（20 世纪以来的金融危机都或多或少地与这种信息不对称有关），而且更为关键的是，市场机制自身无法解决这种信息不对称（谢地，2003）。

金融中介存在的目的，是实现自身利润最大化，利润最大化的目标，有时候会和金融市场的稳定相悖。金融机构为了利润最大化，往往会投资一些高风险的资产，然后利用信息不对称，宣称这些资产风险较低（或通过收买评级机构的方式），打包给分散的投资者，赚取高额利润。当风险来临或者分散的投资者察觉金融中介机构的做法时，会要求收回资金，金融市场变得不稳定，银行挤兑就是这种表现之一。

银行挤兑会危及到金融市场的稳定性，甚至可能导致金融体系的崩溃。银行挤兑发生的原因，在于存款人与银行在银行偿付能力上的信息不对称。当投资者对金融中介机构不信任时，投资者出于个人利益最大化的考虑，会选择退出金融市场。虽然表面上看，银行挤兑是由于众人的盲从、恐慌导致的非理性行为造成的，但其实每个个体的选择都是理性的，只不过个体的理性导致了集体的非理性。正是由于银行挤兑的危害性，各国政府都采取了一定的规制措施，以消除信息不对称的影响，例如，由规制机关代表存款人对银行的偿付能力进行监控，强制推行银行存款保险等（谢地，2003）。

（二）金融业政府规制的作用

金融市场中严重的信息不对称，会造成金融体系的不稳定，严重的甚至会导致“市场失灵”。那么，政府规制是否有效，是否能导致帕累托改善？从理论和历史经验来看，政府规制对稳定金融市场秩序，促进金融体系和实体经济稳定发展起着重要作用。[①]

首先，尽管政府不能掌握金融市场的所有信息，但政府可以依靠行政资源和权威，利用各种规制手段在一定程度上减轻信息不对称的危害，促进金融市场良好运行，促进资本市场的完善和社会福利的提高。例如针对储蓄者和银行之间的信息不对称，政府可采取直接规制手段，如规定法定存款准备金政策等，以保护储蓄者的权益，维护金融体系的稳定。

其次，从保护投资者的角度来看，法律体系的不健全，也决定了对金融市场的规制是必要的。一方面政府可以通过健全法律和制度来对金融市场进行规制；另一方面对于那些存在于金融市场，但又来不及制定法规进行约束的漏洞，政府也可以利用监督的方式暂时对漏洞进行约束。

最后，在信息不对称的金融市场中，信誉对于维护市场稳定具有重要作用。政府作为国家最大的组织，有能力提供最为可靠、信誉最高的担保。这样，政府在对金融机构以及融资人进行监督的同时，还可以利用国家财政为其提供担保，免除投资人的后顾之忧。政府为小额贷款提供担保，就是避免银行挤兑，维护金融市场稳定的切实可行的措施。2008 年，为了避免金融危机进一步蔓延，美国政府宣布对银行债务以及银行存款提供临时担保，这样可以有效避免因金融中介破产引起的经济崩溃。

---

① 百度文库：《政府规制经济学》，http：//wenku. baidu. com/view/204a393c0912a21614792935. html，2012 年 4 月。

（三）金融业规制的目标和内容

1. 规制目标

金融规制不同于金融机构的内部管理或者金融市场的内在约束，是指对金融机构的微观活动直接做出限制规定，目的在于防范金融危机或金融脆弱性的发生（徐金弛、李果，2011）。不同的国家对金融规制的目标界定和内容设计，都存在或多或少的差异，我国金融业规制的微观目标，在于保证运行良好的金融企业以公平的价格提供服务，为公众分散危险，保障市场的正常持续；宏观目标在于确保金融业整体稳定发展，发挥金融业对经济发展的推动作用，促进国家经济平稳、安全、高速发展。

2. 规制内容

发达国家的金融规制有两种形式：即结构性规制和行为规制。结构性规制，包括准入与退出机制、金融机构的业务规制、利率规制等；行为规制，包括最低资本充足率要求、准备金要求、资产质量标准、流动性标准、贷款期限和结构的限制、存款保险制度等（边立会等，2011）。而我国金融规制的主要内容包括：控制金融企业的市场准入和退出，确立金融企业的业务内容和范围，设定金融企业的风险指标，实行适度的利率和汇率管制，实施货币汇兑限制等（潘理权，杨善林，2007）。我们也可以根据金融领域中不同的行业来设定规制内容，金融业，包括银行业、证券业、保险业、信托业和租赁业等，其中最重要的三大行业，就是银行业、证券业、保险业，分别由银监会、证监会、保监会代表国务院进行监管。

值得注意的是，就我国的监管格局来说，银监会、证监会和保监会三足鼎立的局面，在分业经营模式中也许是没有问题的，但我国当前已经出现了大量混业经营的模式，例如，商业银行就可以经营证券、信托等业务，金融行业正处在从分业到混业的过渡阶段（韦洪发，2011），这就使得监管部门之间缺乏协调机制，致使金融企业创新实践的成本增高，不利于金融创新。也可以说，我国金融监管领域存在宏观审慎管理缺位和微观监管“合成谬误”的问题，银监会、证监会、保监会是以防范单个金融机构风险为目标，还没有对金融机构之间的关联性，以及由此导致的系统性风险给予足够的关注（边立会等，2011）。

（1）对银行业的规制。对银行业的规制主要包括：预防性规制、存款保险制度、中央银行行使最后贷款人职能。所谓预防性规制，是指在银行业中建立起规范科学的金融风险监管和防范体系，以及风险控制指标体系，对各种问题进行有效的预防；存款保险制度，是指各类存款性金融机构集中起来建立一个保险机构，专门管理存款保险基金，当内部成员发生经济危机时，存款保险机构可以提供财务救助，从而保证存款人的利益和金融安全；最后贷款人职能，是指当商业银行和其他金融机构发生资金困难时，可以向中央银行借贷，中央银行帮助其恢复正常的偿债能力，承担最后贷款人的角色，实现宏观调控的目标。

当前，我国政府对银行业的规制仍然存在很多问题，例如：上市银行规制缺乏规范性、连续性和系统性，也没有建立一个有效的银行业风险监测、评价、预警和处置系统；面临来自银监会、证监会和中国人民银行的多重规制，职权存在重叠、错位和缺位；由于国有商业银行为国家控股，其内部控制监督机制难以完整建立，社会监管、行业自律监管和自控监管效果不佳（徐金弛、李果，2011）。

（2）对证券业的规制。证券业是从事证券发行和交易服务的专门行业，我国对证券市场的规制主要包括：上市企业进入规制、强制信息披露制度。各国的规制机构都对企业上市进行一定的"进入规制"，企业要上市必须满足很多条件，例如，经营业绩的赢利性、行业前景、管理层、资产和股权的稳定性等；而强制信息披露是指，依据相关法律、法规和章程规定，上市公司必须披露一些基本信息，其内容一般包括：公司概况及主营业务信息、基本财务信息、重大关联交易信息、审计意见、股东及董事人员信息等基本信息，这不仅有利于保护投资者这一弱势群体，减轻信息不对称，也有利于维持证券市场的公平。但陈焱等（2008）认为，当前我国证券业存在各种政府寻租现象，政府规制越来越扩大化，对证券市场的监督，也因为官僚作风和规则的复杂变得非常笨拙、僵化和昂贵。

（3）对保险业的规制。保险业是保险人通过合约向被保险人收集资金，用以补偿被保险人经济利益的行业，保险是风险管理的方法之一，可以分为财产和人身保险，当前，对保险业的规制主要是对偿付能力规制，以及对保险经营直接规制。所谓对保险公司的偿付能力规制，就是指保险公司应当具有与其风险和业务规模相适应的资本，保证公司偿付能力充足；保监会还要对保险经营的过程进行直接规制，即利用保险法律、法规等手段，对保险行业的合同、价格等进行完善和监督。当前，国内保险市场还存在很多问题，例如，我国保险业的民营资本虽在增加，但国有资本仍占据主导地位，竞争主体偏少，垄断程度较高；保险公司资本金不足，资产质量不高；有些保险企业管理混乱，内审工作漏洞较多；等等。

第四节　次优理论与第三优理论

一　次优理论

在第二章的福利变化评价标准中，我们讲到，要让所有的生产和分配过程都符合帕累托最优，满足补偿检验标准条件是不现实的，于是就出现了次优和第三优问题。

次优理论，是在20世纪50年代，由R. G. 李普西和K. 兰开斯特在《次优的一般理论》中创立的，当一个条件不满足帕累托最优时，要求其他所有条件都满足帕累托最优，所得到的所谓的“最优点”并不是最优点，要想达到既定条件下的最优，必须让所有的条件都不满足帕累托最优条件，这时候可以达到次优的效果。所以，次优理论（Theory of Second Best），是指当现实经济不能满足所有的帕累托最优条件时，要在约束条件下实现次优，达到资源的次优配置。例如，20世纪90年代，苏联解体后，成立了俄罗斯联邦，推行以新自由主义学说为理论依据的“休克疗法”政策，完全照搬西方模式，认为这种改革方案是最优的，希望跻身西方发达国家之列，结果事与愿违，在现实的约束下，陷入了经济危机；而相反，中国的渐进式改革，虽然只是次优的，但却取得了良好的效果。

次优的一般理论告诉我们，除非满足所有的最优条件，否则零碎地运用最优规则可能会使事情变得更糟。然而，许多分析表明：特定情况下的一种次优政策，所需要的组织上的信息多于现实中可能获得的信息，因而，作为一种实证的工具，其用途是有限的。[①] 次优理论并不像论述的那样简单，至少次优理论使得最优理论更复杂了。

西方经济学家认为，要达到帕累托最优状态，必须让所有的部门都满足帕累托最优条件，如果一些部门无法满足相应的最优条件，这些就转变成了约束条件，使得原来的问题更加复杂。这些理论对于次优理论同样适用，如果想达到次优结果，有些次优条件达不到，那么，这些次优条件就会转化为约束条件，同样也使问题更加复杂化。经济学家最后得出结论：要满足所有的最优条件是不可能的，要满足所有的次优条件也是困难的，要进行局部改进似乎也是很困难的。这样，正如黄有光所说的那样，次优理论对西方经济学的适用性造成了“毁灭性打击”。西方经济学家利用各种方法尝试解决次优问题，黄有光就在次优问题基础上提出了第三优理论。

二　第三优理论

黄有光认为：最优和次优世界实际上是不存在的，虽然次优被认为是最优可行的策略，但是，考虑到行政管理费用和信息不

① 张进铭：《凯尔文·兰开斯特福利经济思想评介——潜在诺贝尔经济学奖得主学术贡献评介系列》，《经济学动态》2000 年第 9 期。

足，次优理论就是非最优的，也不是可行的，这就需要考虑第三优（Theory of Third Best）。第三优理论，是在最优和次优基础上考虑了信息不足所产生的，它是一套现实可行的决策原则，也是在第三优世界应该采取的行动准则。黄有光认为：第三优理论主要包括四个命题①。

第一个命题是在最优世界里要采用最优法则。最优世界是指市场主体行为仅仅受资源约束和技术约束，市场是完全竞争的市场，不存在垄断、外部性等问题。在最优世界里，如果偏离最优法则，偏离程度越大，社会的福利损失越大。

第二个命题是次优世界要采用次优法则。次优世界是指市场主体除了面临资源和技术约束，还要克服垄断、外部性等问题。然而，与第三优世界相比，次优世界的信息获取成本可以忽略不计，或者说在次优世界信息是近似完全的。

第三个命题是当信息贫乏（informational poverty）时，第三优世界采用最优法则，这里的信息贫乏是指在进行决策时，可利用的信息是不完全的，此时很难对采用最优法则和次优法则的结果进行比较，也就难以计算出最优法则相对于次优法则的偏离方向和程度。

第四个命题是当信息不足（informational scarcity）时，第三优世界采用第三优法则。信息不足是相对于信息贫乏来说的，尽管信息不足，但是利用当前信息可以做出必要的判断。

第三优、次优，以及最优在具体的条件下可以相互转化。在

① 黄有光：《福祉经济学》，张清津译，东北财经大学出版社，2005。

信息贫乏时，第三优策略政策收敛于最优策略，当有完善的信息和行政费用非常低时，第三优策略收敛于次优策略。

黄有光认为，第三优策略的选择依赖可利用的信息量和所需的行政开支费用。我们举例来说明信息和成本在决策中的重要作用，比如小区物业为保障小区的财产安全，需要雇佣专业的保安队伍，如果物业对小偷的行动拥有充分的信息，那么，雇佣保安的数量、巡视制度的安排等都会是最优的；如果小区管理者对小偷的情况一无所知，那么，小区将会采取最严密的安保措施，但是，这些措施肯定又会受制于小区居民的物业费的缴纳情况；同样，小偷的行动方案也会受信息和成本的影响。物业管理者和小偷会分别按照偷盗发生概率，以及安保水平来确定各自的行动方案，最终的均衡结果取决于一般概率水平。

本章参考文献

[1] 张维迎：《博弈论与信息经济学》，上海三联书店，1996。

[2] 马云泽：《规制经济学》，经济管理出版社，2008。

[3] 乔治·阿克洛夫：《“柠檬”市场：质量的不确定性和市场机制》，《经济导刊》2001 年第 6 期。

[4] 费孝通：《乡土中国》，江苏文艺出版社，2007。

[5] 百度文库：《信息不对称理论》，http：//baike. baidu. com/view/1302679. htm，2012 年 4 月。

[6] 智库·文档：《信息严重不对称行业规则》，http：//doc. mbalib. com/view/9ee9d312c5a79bab6d84bobf30a4ca51. html，2012 年 6 月。

[7] 谢地：《政府规制经济学》，高等教育出版社，2003。

[8] 高鸿业：《西方经济学》，中国人民大学出版社，2007。

[9] 林晓华：《渐进式改革视野下的政府经济性规制行为及其规制》，《发展研究》2006 年第 10 期。

[10] 曹国利：《信息不对称：政府规制的经济理由》，《财经研究》1998 年第 6 期。

[11]〔美〕弗雷德里克·S. 米什金：《货币金融学》，郑艳文、荆国勇等译，中国人民大学出版社，2011。

[12] 张国庆、刘骏民：《经济虚拟化、金融危机与政府规制》，《当代财经》2009 年第 10 期。

[13] 百度文库：《政府规制经济学》，http：//wenku. baidu. com/view/204a393c0912a21614792935. html，2012 年 4 月。

[14] 徐金弛、李果：《我国银行业规制问题的思考和探索》，《东方企业文化》2011 年第 8 期。

[15] 边立会、刘亚萍、朱玉苗：《美国金融产业规制变迁对我国的启示》，《中国证券期货》2011 年第 11 期。

[16] 潘理权、杨善林：《西方金融规制政策演变与我国金融规制的改革和完善》，《经济问题》2007 年第 6 期。

[17] 韦洪发：《金融危机背景下金融业经营模式及相关法律规制指向》，《当代经济研究》2011 年第 8 期。

[18] 陈焱、陈建东、张燕：《我国证券业规制中存在的问题及其完善措施》，《安徽大学学报（哲学社会科学版）》2008 年第 6 期。

[19] 张进铭：《凯尔文·兰开斯特福利经济思想评介——潜在诺贝尔经济学奖得主学术贡献评介系列》，《经济学动态》2000 年第 9 期。

[20] 黄有光：《福祉经济学》，张清津译，东北财经大学出版社，2005。

第八章　政府行为与公共选择

通过前几章的学习，我们知道“市场失灵”需要政府干预，然而，政府出台的各种干预政策，是否能反映民众的偏好？是否能实现人们的最大利益？这些政治决策又是如何做出的呢？对于这些问题，我们可以运用公共选择理论来做出合理解释。公共选择理论研究政治过程中的各种非市场决策，是一门利用经济学范式分析政治现象的学科。在这一章中，我们将详细阐述公共选择理论的内涵，深入探讨公共选择的规则，并分析政治经济周期以及政府失灵等问题。

第一节　公共选择理论概述

公共选择一般是指在政府经济活动中，如何通过政治程序决定公共物品的产生、供给与消费等问题，其基本思想是将经济学的分析方法用于非市场的政治领域（温来成，2004）。公共选择源于经济学家对政治现象（政治选择和政治决策过程）的思考，以及经济学家对政治舞台中人的形象的定义。

公共选择理论产生于20世纪40年代末，在60年代末70年代初，逐渐被主流经济学家所认可。公共选择理论的思想渊源可以追溯到18世纪孔多赛的“投票悖论”，投票悖论是指按照少数服从多数原则，改变投票顺序会得到不同的投票结果。有些经济学家认为：熊彼特是“公共选择理论的开拓者”，例如萨缪尔森在《经济学》中认为：“约瑟夫·熊彼特在《资本主义、社会主义和民主》一书中开创了公共选择理论”；缪勒在《公共选择》一书中提到公共选择学派中的一些学者，承认熊彼特的著作对公共选择理论有一些直接的影响①；公共选择理论代表人物唐斯（1957）认为：“熊彼特关于民主政治的深刻分析构成了我们整个主题的灵感来源和基础”。公共选择理论的理论分析框架和基本原理，形成于20世纪50～60年代，英国北威尔士大学的经济学教授邓肯·布莱克，因为在公共选择理论方面的开拓性工作被称为“公共选择理论之父”，他的《论集体决策原理》为公共选择理论奠定了基础。随着理论的不断发展，公共选择理论逐渐分为四个学派，分别是印第安纳学派、罗切斯特学派、芝加哥学派和弗吉尼亚学派。

印第安纳学派的代表人物为奥斯特罗姆夫妇，即维森特·奥斯特罗姆（Vincent Ostrom）和埃莉诺·奥斯特罗姆（Elinor Ostrom），该学派的代表作为《公共事物的治理之道》，主要研究个人利益与共有社会文化、政府强制和自愿合作之间的协调问题。他们在理性人假设和个人主义方法论基础上，强调政治主体除了

① 〔美〕尼斯·缪勒：《公共选择》，王诚译，中国社会科学出版社，1992。

追求经济利益之外，还追求自我实现等其他利益，文化和制度形成对政治市场有约束作用。[①]

罗切斯特学派的代表人物为赖克（W. H. Riker），代表作有《政治联盟的理论》，该学派主张把实证的政治理论和伦理学区分开来，同时强调用数理方法研究政治学，在投票、互投赞成票、利益集团研究中大量运用数学推理。

芝加哥学派又称为芝加哥政治经济学，公共选择理论中，芝加哥学派的思想主要来自西方经济学芝加哥学派中的奈特（F. H. Knight）、西蒙斯（H. C. Simons）、弗里德曼（M. Friedman）等人的自由主义观点，因此，该学派有浓厚的自由主义思潮，其代表人物是斯蒂格勒（G. Stigler），代表作是《经济规则理论》。该学派从价格理论和实证经济学的角度来分析政府（方福前，1997），认为经济学家不能为政府提供政策建议，应该完全遵照实证分析的要求，探究“是什么”的问题；政府不过是由追求个人利益的个体所控制的对社会财富进行再分配的组织，是满足利益集团再分配要求的、在技术上具有效率的政治体系，其存在并不是为公众谋福利。该学派把政治市场的主体看作追求预期财富的最大化者，在个人效用函数上，不存在任何的利他主义倾向。

弗吉尼亚学派的代表人为布坎南（J. M. Buchanan）、塔洛克（Gordon Tullock）等，代表作是《一致同意的计算》，该学派强调方法论上的个人主义和宪法政治经济学（constitutional political economy），由于强调宪政改革的重要性，该学派认为，经济

① 〔美〕埃莉诺·奥斯特罗姆：《公共事物的治理之道》，余逊达、邱红译，上海三联书店，2000。

学是宪法经济学。该学派认为，个人是社会秩序的基本组成单位，政府只是个人相互作用的制度复合体，社会选择仅仅是个人进行选择的结果。该学派还正式提出了“政府失灵”的观点，认为政府并不会比私人市场做得更好，政治市场运行缺乏效率，反对福利经济学中强调政府干预的观点。政府失灵的主要原因，是约束政府行为的规则失效或约束乏力，为了有效解决政府失灵，需要改善和改革规则，对投票规则、立法机构、官员政治和政府决策规则进行改革，通过制度改革来约束政府的作用。弗吉尼亚学派认为，由于投票人的理性无知，存在着投票悖论。他们的研究内容不在于投票动机，而在于分析利益集团、寻租理论、立法、司法、行政和联邦官员制度等。

一　公共选择和非市场决策

公共选择理论认为，人类社会由两个市场组成：经济市场和政治市场，分别进行市场和非市场（政治）决策。[①] 经济市场主要研究的是消费者的购买行为和生产者的生产行为；政治市场主要研究选民、利益集团、政治家，以及官员的选举和立法行为；经济市场研究市场主体的利益最大化问题，市场主体进行市场决策时，价格能够反映消费者的偏好，市场环境中的企业能够根据价格满足消费者的需求，这样市场主体通过货币投票实现各自利益最大化。而在政治市场上，虽然也着重研究政治市场主体的利益最大化问题，不同的是选民利用自己的民

① 百度文库：《布坎南理论》，http：//wenku. baidu. com/view/f6b92bee4afe04a1b071defd. html，2012 年 4 月。

主选票反映偏好，选择能够给自己带来利益最大化的政治家、制度法规等，例如选民可以通过投赞成票或者反对票的方式，来自由地选择自己偏好的公共产品和税负组合，自由地否决某个政府的政策和措施，或者干脆对公共事务采取不管不理的态度等，来实现自己利益的最大化。

简单地说，大多数的经济活动通过市场进行，即价格反映消费者的偏好，企业为消费者提供私人产品；而在政治活动中，选民用投票反映偏好，政府根据民众投票情况提供公共物品。两种活动在调整速度和强制性程度方面都存在显著差别，表现为非市场决策调整的速度相对较慢，并且更具强制性。公共选择是用经济学工具研究非市场决策，分析公共产品供应和分配的政治决策过程，是关于政治的经济学分析。

研究非市场决策时，往往会涉及谁做出决策、如何做出决策、偏好如何表达、民众怎样对非市场决策过程施加影响、政府决策的结果是否反映民众的偏好、政府自身规模如何扩大等许多问题，这些复杂的问题需要我们逐一进行分析和解答。

二　政治学和经济学的关联

（一）两者相互独立

在公共选择理论之前，政治学和经济学分别属于不同的研究领域，政治学和经济学在对人的假设、分析单位、核心问题，以及行为主体等研究内容方面存在差距。政治学是一门以政治人为假设前提，以集体为分析单位，研究政府、国家权力的学科。经济学是一门以经济人为假设前提，以个人为分析单位，研究生产者和消费者等市场主体供需关系的学科[①]（见表8－1）。

表8－1 政治学和经济学的基本差别

学 科	对人的假设	分析单位	核心问题	行为主体
政治学	政治人	集体（机构）	权力	政府、国家
经济学	经济人	个人	需求与供给	生产者、消费者

（二）两者的桥梁

公共选择理论的出现，将政治学和经济学联系起来，其以经济学的研究思路和研究方法来研究政治学，俨然已成为连接政治学和经济学的桥梁。在公共选择理论产生以前，西方主流经济学主要研究经济市场是怎样运行的，他们把政策的制定、法律法规、制度环境作为外生变量。西方主流经济学家认为：在经济市场上每一个市场主体都是理性人，追求个人利益最大化，相反，在政治市场上，政治主体的动机具有利他主义的特点。公共选择理论则认为：无论是政治市场，还是经济市场，都是相同的人在参与决策，我们很难假定相同的主体在经济市场是完全利己主义者，在政治市场就变成利他主义者，并且政治市场和经济市场存在很多相似的地方，政治市场和经济市场都存在着供求双方的相互作用，政治市场和经济市场两个市场之间也互相影响，很多官员就是靠政治市场上的权力，为自己在经济市场赚取超额利润（例如寻租现象的存在），从而实现个人利益最大

① 百度文库：《公共选择理论》，http：//wenku. baidu. com/view/c77b06205901020207409cbf. html，2012年4月。

化，因此，应该从政治市场和经济市场整体角度来看待市场主体的理性人行为。

公共选择理论，试图把政治市场和经济市场纳入一个统一的分析框架，利用相同的范式来分析两个不同的市场。公共选择理论主要用经济学的方法和基本假设来统一分析人的行为，借鉴经济学的范式分析政治行为，从而建立全新的政治经济学。因此，公共选择理论又称为政治的经济学（Economics of Politics）或者新政治经济学（The New Political Economy）。

（三）公共选择理论中的交易

1. 经济学是一门研究交易的科学

莱昂内尔·罗宾斯在《论经济科学的性质和意义》一书中，将经济学定义为研究如何将稀缺的资源有效地配置给相互竞争的用途的科学。[①] 经济学是一门在既定制度框架内，通过不同的选择来实现资源配置效率最大化的学科。公共选择理论认为，西方主流经济学家对经济学的定义存在问题，如果经济学是一门研究选择的科学，那么，在选择之前就存在着未知性，就不能称之为科学；同时，如果单纯研究消费者、生产者在个人利益最大化的驱动下进行选择，并且知道每一个市场主体的个人福利函数，以及条件约束，进行最大化的计算，经济学就完全变成了数学；另外，个人福利函数的类型与个人偏好顺序，以及价值判断准则有关，个人偏好又是不可预测和观察的，从个人偏好次序得出社会偏好次序是不可能的，这样以个人福利、社会福利最大化为目标

① 〔美〕哈尔·R. 范里安：《微观经济学：现代观点》，费方域等译，上海人民出版社，2006。

的经济学是很难成立的。[①] 公共选择理论引用亚当·斯密在《国富论》（《国民财富的性质和原因的研究》）讲述分工原因时所说的“分工的原因是来自于人们互通有无，互相交易的倾向[②]”的观点，论定经济学是一门交易学科（the science of exchange）。公共选择理论认为，经济学研究的重点在于个人的交易倾向、交易过程、交易规则，以及交易规则的制定和选择，最终通过交易实现帕累托最优，经济学归根结底是一门关于交易的学科。

2. 政治学中的交易理论

公共选择理论认为：不仅经济市场的基础是交易，政治市场的核心也是交易。政治活动领域重点研究的不是社团、党派、国家，而是这些集团之间或者是组成集团的个体之间，出于自利动机而进行的一系列交易过程。因此，从根本上来看，政治市场是个人、利益集团、政治家、官员为追求个人利益最大化而进行的交易过程和制度约束，各种政治主体在政治市场上通过交易行为和利益交换，实现个人利益最大化。政治交易可以分为内部交易和外部交易，内部交易主要是指集团内部的交易，通过内部交易契约形成利益集团，以及在利益集团内部达成一致；外部交易则是内部交易形成的利益集团代表，与其他利益集团、政府等市场主体进行交易。因此，作为政治研究领域中重要的分析对象——利益集团，其形成也是个人交易的产物。这一方面论证了公共选

① 〔美〕布坎南：《经济学家应该做什么》，罗根基、雷家瑞译，西南财经大学出版社，1988。

② 〔英〕亚当·斯密：《国民财富的性质和原理》，赵东旭、丁毅译，中国社会科学出版社，2007。

择理论方法论上的个人主义，同时也说明了公共选择理论的交易特性。另外，交易也是一种利益博弈的过程，政治市场上的主体都是经过复杂的博弈来完成自己的交易行为，所以，博弈论也是公共选择理论中研究政治市场交易行为的重要方法之一。

尽管政治市场的核心也是交易，公共选择理论认为：政治市场上的交易和经济市场上的交易存在许多不同，包括交易主体不同，交易客体不同，以及交易规则不同。从交易主体来看，经济市场的交易主体主要是单个个体（单个消费者或者是单个生产厂商），单个个体在利益驱动下进行交易，当然也有行业联盟参与市场交易，如中国与澳大利亚的铁矿石谈判，但这只存在于特定情况；政治市场上的交易主体，既包括个人（选举者、政治家、官员），也包括利益集团、政党等群体，个人会根据成本收益以及完成交易的可行性，来决定自己是独自参与交易，还是组成群体进行交易。从交易客体来看，经济市场上的交易客体是私人物品，通过货币反映自己偏好并进行交易；政治市场上的交易客体是制度、规则、法律、契约等公共物品，通过投票来反映自己的偏好并进行交易。从交易的规则来看，经济市场上的交易是个体自愿参加的，平等和等价的交易，市场主体可以自由选择交易的对象，并且有完善的交易退出体制；而政治市场上的交易带有一定的强制性，“少数服从多数”等投票规则，总是使得部分政治个体被迫同意，私人利益受损，而造成这种现象的原因，是政治市场交易的客体是公共物品、个人偏好难以加总为社会偏好、“一致同意”等体现自愿平等原则的交易规则成本太高等。

第二节 公共选择规则

在详细探讨公共选择规则之前，我们有必要对投票做一些解释。由于投票是把个人偏好转变为社会偏好的手段，所以，个人偏好是投票（公共选择）研究的起点。个人偏好的表达存在两个方面的问题：一是个人偏好信息不完全；二是不能真实反映偏好。后者涉及隐瞒、策略性投票、无意参与投票和偏好强度差异等问题，这些都会影响社会偏好的真实表达。而一项公共物品的产量提案能否获得通过，主要取决于五个方面：规则、平均成本和边际成本、投票者获得有关提案成本和收益信息的难易程度、税收份额在投票者之间的分配状况，以及公共物品的效益在投票者之间的分布状况。[①] 只有当每单位产量的税收与个人边际收益相等时，个人公共物品数量才会达到最佳，此时才是投票者最偏好的政治结果。

公共选择是在既定规则下，政治个体之间相互作用的结果。在公共物品供给之前，要求人们对公共物品的供给数量、融资方式，以及融资金额达成一致。根据现代民主制的运行方式，我们可以将公共选择分为直接民主制下的公共选择和间接民主制（代议制）下的公共选择，前者是指所有公民都可以在公共事务的决定中表达意见，权力由人民直接行使；而后者是指公民可以通过个人投票选举出代表，再由这些代表对公共事务进行表决和管

① 百度文库：《公共选择理论》，http：//wenku. baidu. com/view/c77b06205901020207409cbf. html，2012 年 4 月。

理。直接民主制下的公共选择涉及一致同意规则和多数同意规则，而在多数同意规则中，还存在投票悖论等问题。在这一节中，我们将详细探讨直接民主和代议民主下的公共选择问题。

一　直接民主制下的公共选择

直接民主是指社会成员以投票等形式，直接参加公共物品生产和供给决策，参与社会政治、经济和其他事务管理。在直接民主制度下，公共选择涉及一致同意和多数同意规则，后者包括的问题比较复杂，涉及政治均衡、投票悖论及其解决办法等内容。

（一）一致同意规则

一致同意规则，又称为完全同意规则，或全体一致规则。是指一项决策必须经过全体投票人完全同意才能通过，实行一票否决制度，保证所有个体都能享受到公共物品所带来的好处，社会成员可就公共物品供给与其所需要支付的税收达成一致，即所有成员都同意支付一定数量的税收，才能对相应数量和质量的公共物品进行供给。

一致同意投票规则，是在每一个投票人完全自由平等的政治环境中运行的，每一个投票人都没有任何政治压力，他们为了追求个人利益最大化，公平地进行投票，并且每一政治选票的效力都是一样的，当投票人的个人利益得不到满足或者个人利益受到侵犯时，他可以对决策投反对票来维护自己的利益，只要有一个投票人投反对票，这项决策就不能通过。因此，一致同意规则，可以在兼顾每个人的偏好基础上实现帕累托最优。

虽然一致同意规则可以实现帕累托最优，但在现实生活中却较少采用。一般来说，只有联合国常任理事会议进行决议、欧盟通过财政预算议案、欧盟修改中央银行机制等重要表决时才会采用一致同意规则。概括来看，一致同意规则主要有两点弊端。

第一个弊端是一致同意规则成本高昂。这里的成本主要是时间决策成本。所有的投票人对一项制度投赞成票需要这项制度接近完美，完美的定义是制度满足每一个偏好不同的投票人的需求，或者是制度能够使所有投票人找到契约曲线上一个共同点，由于每个个体的偏好是不同的，在现实生活中，一致同意基本上是不可能的，尤其是当决策涉及较多投票人时。例如，联合国常任理事国会议的决议，尽管常任理事国只有 5 个国家，决议也常常会被否决，即使通过了决议，整个决议过程中也充满了讨价还价，耗费了大量的时间、人力、物力等成本。因此，一致同意规则，往往因为耗费的时间成本高，决议过程中效率低下而被弃用，只有少数特别重要的场合才采用这种投票规则。

一致同意规则的第二个弊端是容易导致威胁和敲诈。设想这样一个决议，共有 n 个投票人参与投票，决议通过后给集体带来的收益为 A（$A>0$）并且给每一个投票人带来的收益相等，则投票人投赞成票的正收益为 A/n，投反对票的收益为 0。如果在投票之前，一个投票人故意隐藏了自己的偏好，他便会威胁其他的投票人除非给他好处，否则他就会投反对票，只要其他的投票人给他微小的利益，他的威胁策略就成功了。如果所有的投票人都认识到这一点，在个人利益驱动下，他们都会隐藏自己的偏好，并对其他投票人进行威胁。尽管在这个博弈中，每个人的最优策略都是最后投支持票，但是，整个威胁博弈的过程耗费了时间成本，造成投票效率低下。

（二）多数同意规则

多数同意规则，又称多数裁定原则，是指要通过一个方案，必须有一半以上的人赞同。多数同意规则，还可具体分为简单多数原则和有条件多数原则，简单多数原则是指在投票表决时，投赞同票的人数超过人数的1/2即可通过；有条件多数原则是指投赞同票的人数超过了简单多数，如常见的要求是达到或超过2/3的票数。其中，简单多数原则运用最为普遍。与一致同意规则相比，多数同意规则可以节约时间、金钱等成本，提高决议效率。并且，由于多数同意规则遵循少数服从多数的原则，在每个投票人追求个人利益最大化、没有外界压力、公平自由投票的情况下，多数同意规则可以基本达到民主要求。

1. 多数规则下的政治均衡

政治过程的经济分析，是按照私人利益的分析模式进行的，偏好的政治结果，是政府提供相应数量公共物品所带来的边际收益，恰好等于政治个体所必须承担的税收份额。如果一个社会的人们根据既定的规则，就一种或多种公共物品或服务的供给量，以及税收份额的分配达成协议，就意味着实现了政治均衡（Political Equilibrium）。[①] 在政治均衡中，假定公共物品的成本和效益信息是充分的。作为政府提供公共物品的一种支付，税收份额

---

① 百度文库：《公共经济学》，http：//wenku. baidu. com/view/60f5c62cbd64783e09122b59. html，2012年4月。

（Tax Shares）是事先确定的，税收份额的大小，取决于公共物品或服务的生产条件。

我们假设保安是一种纯粹公共物品，其职责是保障小区的安全，一个保安的平均成本既定为700元，税收份额的分布状况可以公布，小区内共有7个人，每个人缴纳相同的税收，则小区里每个人为每单位公共物品交纳的税收为 $AC/n = 700/7 = 100$ 元。但是，每个人对保安的边际效用评价不同，比如有的人认为，在给定税收的前提下，1个保安就够了，而有的人认为，需要增加到3个保安才能满足安全保障的需要，最多的还有人认为，需要7个保安。

当小区所有人的边际效益之和等于所需要支付的成本时，就达到了多数规则下的政治均衡，即得到了小区内公共物品的最优供给。我们也可以在简单多数原则指导下，对保安数量的提案进行投票，由表8－2可知，[①] 当保安数量为1人时，所有的投票者都投了赞成票，最后投票结果就通过了，而当保安数量增至5人时，只有 *E*、*F*、*G* 三个投票者赞成，四名投票者反对，多数人的反对导致这一提案被否决。

中间投票者是指这样一种投票者，其最偏好的结果处于所有投票者最偏好结果的中间状态。如果所有投票者对公共物品的边际效益曲线均呈向右下方倾斜的状态，则中间投票者最偏好的公共物品的数量，就是简单多数规则下的政治均衡。在这个例子中，投票者 *D* 愿意增至的保安数量正好是最偏好结果的中间状

① 百度文库：《公共选择理论》，http：//wenku. baidu. com/view/c77b06205901020207409cbf. html，2012年4月。

态，在简单多数规则下，中间投票者的提案（增加保安雇佣量至4个）将最终获胜。

表8－2　简单多数规则下的保安雇佣量投票结果

		增加保安数量至						
		1	2	3	4	5	6	7
投票者	*A*	赞成	反对	反对	反对	反对	反对	反对
	B	赞成	赞成	反对	反对	反对	反对	反对
	C	赞成	赞成	赞成	反对	反对	反对	反对
	D	赞成	赞成	赞成	赞成	反对	反对	反对
	E	赞成	赞成	赞成	赞成	赞成	反对	反对
	F	赞成	赞成	赞成	赞成	赞成	赞成	反对
	G	赞成	赞成	赞成	赞成	赞成	赞成	赞成
投票结果		通过	通过	通过	通过	否决	否决	否决

2. 投票悖论

投票悖论，使得经济学家对多数投票的民主原则以及能否得到均衡解提出了质疑。假设有*A*、*B*、*C*三个投票者，他们对社区内部燃放烟花次数进行投票，烟花每次的燃放费用是400元，*A*、*B*、*C*三个投票者的税收份额分别为200元、150元、50元，每个投票人面临三种选择：方案1、方案2、方案3，分别对应燃放烟花次数为1次、2次、3次。我们假定，对任何两种方案进行投票的结果都由简单多数规则决定。由于三个投票者对烟花的偏好不同，投票者对燃放次数的偏好也不同，投票者在自愿原则下对燃放次数的偏好进行了排序，排序结果如表8－3所示，投票

者 *A* 偏好方案 3 胜于方案 2 胜于方案 1，投票者 *B* 偏好方案 1 胜于方案 3 胜于方案 2，投票者 *C* 偏好方案 2 胜于 1 胜于 3。

表 8 -3　投票者对烟花燃放方案的排序

投票者	方案偏好顺序				
A	3	>	2	>	1
B	1	>	3	>	2
C	2	>	1	>	3

我们再用如表 8 -4 所示的方式将配对投票的得票记录及其结果显示出来，[①] 其中 *X* 表示方案所获得的支持票。可以看到，如果只在任意两个方案中进行选择，则其中一个方案总会获得多数票而通过。例如在方案 1 和方案 2 中进行选择，由于投票者 *A* 偏好 2 胜于 1、投票者 *B* 偏好 1 胜于 2，投票者 *C* 偏好 2 胜于 1，方案 1 获得的支持票为 1 票，方案 2 获得的支持票为 2 票，方案 2 获得多数票而被通过。

又如，我们先进行第一轮配对投票，三个投票者首先对方案 1 和方案 2 进行投票，然后对第一轮配对投票的胜者与剩下的方案 3 进行投票。方案 1 仅仅获得投票者 *B* 的支持，方案 2 获得投票者 *A* 和投票者 *C* 的支持，此时燃放 2 次的方案通过；将胜者方案 2 与剩下的方案 3 进行投票，这就是表 8 -4 中的第三轮配对投票，投票者对方案 3 的偏好胜于方案 2。结合第一

① 百度文库：《公共选择理论》，http：//wenku. baidu. com/view/c77b06205901020207409cbf. html，2012 年 4 月。

轮配对投票和第三轮配对投票的结果，社会对投票方案的偏好顺序为偏好方案3胜于方案2胜于方案1，这恰恰是投票者 *A* 的个人偏好顺序。最终投票的结果是，整个社区都支持燃放3次烟花。

表8－4　对烟花燃放方案的配对投票

	第一轮配对投票	1次	2次
投票者	*A*		*X*
	B	*X*	
	C		*X*
结果：燃放2次的提案通过			
	第二轮配对投票	3次	1次
投票者	*A*	*X*	
	B		*X*
	C		*X*
结果：燃放1次的提案通过			
	第三轮配对投票	2次	3次
投票者	*A*		*X*
	B		*X*
	C	*X*	
结果：燃放3次的提案通过			

但是，在对多个投票方案进行选择时，投票的结果却是循环的，由个人偏好按照多数同意规则得到的社会偏好，不是性状良好的偏好（性状良好的偏好至少应该满足三条公理：完备性公理，任何方案都是可以比较的；反身性公理，假定任何一种方案至少与本身是一样好；传递性原理，如果投票者认为 *X* 至少与 *Y* 一样好，*Y* 至少和 *Z* 一样好，那么，投票者至少会认为 *X* 和 *Z* 一

样好)[①]，因此，得出的社会偏好不具有传递性。

比如，我们首先对方案2和方案3进行比较，然后将胜者与剩下的方案1进行比较，结合表8－4，就是先进行第三轮配对投票，然后进行第二轮配对投票，此时，社会对投票方案的偏好顺序为偏好方案1胜于方案3胜于方案2，这恰恰是投票者B的个人偏好顺序，最终投票的结果是，整个社区都支持燃放1次烟花。同理，如果我们先对方案1和方案3进行比较，然后将胜者与剩下的方案2比较，社会对投票方案的偏好顺序为偏好方案2胜于方案1胜于方案3，这恰恰是投票者C的个人偏好顺序，最终投票的结果是，整个社区都支持燃放2次烟花，这就出现了投票悖论。

投票悖论表明：只有当可供选择的方案少于或等于两个时，多数投票法才有可能是最优的投票规则，一旦可供选择的方案超过两个时，按照加总的方式从个人偏好得到社会偏好，其结果可能是不相容的。正如我们在燃放烟花投票案例中所分析的那样，多数人投票规则的结果，容易受到经济人操纵，如果经济人改变投票顺序，就可以得到自己合意的结果，这就使得经济学家对多数投票法则能否满足民主原则提出了质疑。投票悖论产生后，经济学家开始思考，是否存在一种社会决策机制，可以使得加总社会偏好的方法免遭操纵，体现制度的民主性？是否存在能够避免投票循环的合意的加总方法？阿罗在对这些问题进行思考的基础上，得出了阿罗不可能定理。

① 〔美〕哈尔·R.范里安：《微观经济学：现代观点》，费方域等译，上海人民出版社，2006。

3. 阿罗不可能定理

美国斯坦福大学教授阿罗，在对投票悖论进行研究的基础上，提出阿罗不可能定理：如果人际间的效用比较不存在，个体都有自己的偏好顺序，把个体的偏好顺序加总成为社会的总体偏好，那么，这种社会决策机制一定是一个独裁统治①，此时，社会偏好顺序是一个人的偏好顺序；阿罗还认为：当候选对象超过3个时，在满足理性行为假定和民主的基本条件下，不可能找到一种规则，使人们可以根据个人的序数偏好，得出具体的社会偏好。阿罗不可能定理，又称为阿罗悖论。

阿罗认为：公共选择在伦理上可以被接受的必要条件主要包括五个方面：

（1）理性行为假定，包括比较公理、传递性公理。比较公理表明任何方案都是可以比较的，对于任意的两个方案 X 与 Y，要么 X 优于 Y，要么 Y 优于 X，或 X 与 Y 无差异；传递性原理表明，如果投票者认为 X 至少与 Y 一样好，Y 至少和 Z 一样好，那么，投票者至少会认为 X 和 Z 一样好。

（2）无关选择独立性（independence of irrelevant alternative）。社会决策机制对 X 与 Y 的偏好，只取决于个体如何排列 X 与 Y 的顺序，而不是依赖于 X、Y 与其他方案的排序。这是因为，当对超过2个以上方案进行排序时，可能会因为引进新的方案而最终改变社会偏好的顺序。

（3）帕累托原则。如果每一个个体偏好 X 胜于 Y，那么，社

① 〔美〕肯尼斯·阿罗：《社会选择与个人价值》（第二版），丁建峰译，上海人民出版社，2010。

会偏好也会是 X 胜于 Y，此时会达到帕累托最优的状态。

（4）自由选择。即对所有的备选方案，任何人可以有任何偏好，只要符合逻辑性，个人的选择拥有完全域，无限制区域。

（5）非独裁性。社会决策机制在从个人偏好得到社会偏好的过程中，不会因为一个人的选择而改变偏好顺序，社会偏好顺序不会受到某个人的偏好左右，任何人都不能将个人偏好强加成为社会偏好。

社会决策机制满足的五个条件，又称为民主主义决策机制必备的条件。其中，条件（1）为理性条件；条件（2）、条件（3）、条件（4）、条件（5）为民主条件。阿罗假设的意义在于，为选举制度或投票制度制定了衡量标准，是判断社会福利函数好坏的基本条件，然而，阿罗证明如果这五个基本条件都满足，就会出现票决循环现象，即在按多数投票规则进行投票表决时，投票结果随投票程序的变化而变化，不存在唯一的最优结果，而会产生多个最优结果循环出现的现象。

阿罗不可能定理给西方经济学发展带来了两个冲击：市场机制不能产生一个合理的社会选择；满足五个条件的完美的社会决策机制和民主是不相容的。如果企图寻找一个把个人偏好加总为社会偏好的方法，将不得不放弃完美社会决策机制中的某些条件。阿罗不可能定理给福利经济学发展带来了巨大冲击，福利经济学认为，政府可以根据社会福利函数为社会提供所需要的公共物品，阿罗不可能定理直接动摇了社会福利函数存在的基础，在社会福利函数的存在性都存在疑惑的情况下，人们会对公共物品的供给依据产生怀疑。

阿罗悖论提出后，公共选择理论经济学家尝试从各个渠道来解释和解决阿罗悖论，比较熟悉的概念有单峰定理、中间投票人定理和投票交易。

4. 单峰定理和中间投票人定理

单峰偏好（Single-Peaked Preference），是指在一组备选方案中，投票人对一个方案的偏好程度最高，对其他方案的偏好程度都逐渐递减；而多峰偏好（Multiple-Peaked Preference），是指人们理想的结果不止一个，偏离了最理想的结果后，其效用将出现先降后升；中位选民，是指偏好落于所有选民偏好中间的个体，一半人偏好大于其偏好，一半人偏好小于其偏好。邓肯·布莱克（Duncan Black）证明了，当每个投票人对方案的偏好满足单峰偏好特点时，投票会产生一个均衡的结果，投票的最终结果是中间人的最优偏好，也可以说投票悖论的产生，是由投票者的多峰偏好所致，如果个人偏好呈现单峰形态，投票悖论就不会发生，投票均衡也会存在。

我们还是以上述燃放烟花的方案为例，先用单峰和多峰的图示，将之前投票人对燃放方案的偏好表示出来，由图8-1可知，投票者B为双峰偏好，因此不能实现均衡，出现投票悖论。

现在假设投票人B对燃放方案的偏好重新排列（见表8-5），其偏好次序从1、3、2变为了1、2、3，此时投票者B的偏好就从多峰形态转变成了单峰形态（见图8-2）。

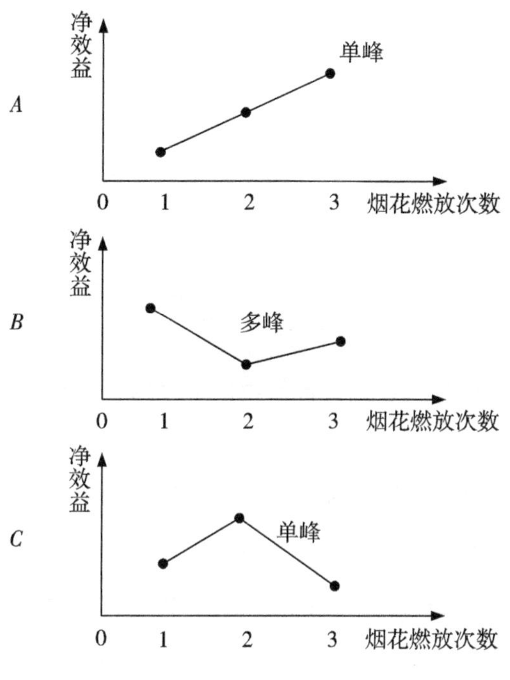

图 8－1　单峰偏好与多峰偏好

表 8－5　投票者对烟花燃放方案的重新排序

投票者	方案偏好顺序				
A	3	>	2	>	1
B	1	>	2	>	3
C	2	>	1	>	3

这时，根据三个投票人对偏好的顺序，先对方案 2 和方案 1 进行比较，方案 2 获得的赞成票与方案 1 获得的赞成票之比为 2∶1，方案 2 获胜；将获胜的方案 2 与剩下的方案 3 比较，方案 2 获得赞成票与方案 3 获得的赞成票之比为 2∶1，方案 2 获胜。也

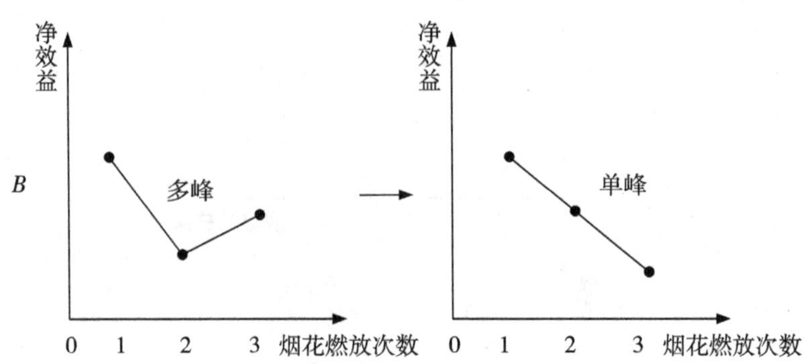

图 8－2　多峰偏好转为单峰偏好示意图

可以先对方案 2 和方案 3 比较，然后将获胜的方案与剩余的方案 1 比较，或者先对方案 1 和方案 3 比较，然后将获胜的方案与剩余的方案 2 比较。三种不同的比较结果，最终获胜的方案都是 2 号方案（见表 8－6）。

表 8－6　单峰偏好下的配对投票

	第一轮配对投票	1 次	2 次
投票者	*A*		*X*
	B	*X*	
	C		*X*
结果：燃放 2 次的提案通过			
	第二轮配对投票	3 次	1 次
投票者	*A*	*X*	
	B		*X*
	C		*X*
结果：燃放 1 次的提案通过			

续表

	第三轮配对投票	2 次	3 次
投票者	*A*		*X*
	B	*X*	
	C	*X*	
结果：燃放 2 次的提案通过			

可见，当每个投票人对方案的偏好，满足单峰偏好特点时，多数规则下的投票结果也是唯一的，投票会产生一个均衡的结果，投票的最终结果，是中间人的最优偏好（图 8－3）。也可以说，考虑到投票者的偏好符合正态分布的情形，中间人的数量最多，能够代表大多数投票者的偏好水平，处于偏好极端的两边投票者，可能因为数量较少并且可以相互抵消而丧失效力。当投票人偏好符合单峰偏好特点时，中间投票者的最优偏好成为投票结果的决定因素，而政治均衡最终在中间投票者最偏好的结果上形成。

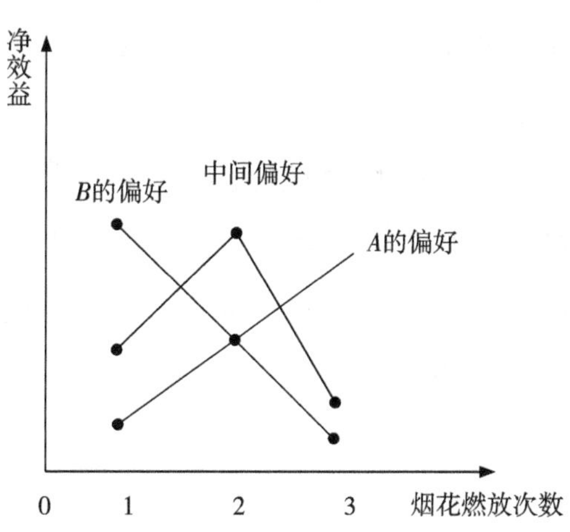

图 8－3　中间投票人定理示意图

在对单峰定理和中间投票人定理进行阐述后，我们还需要注意两个问题。

第一，由经济学的边际效益递减规律可知，随着我们消费商品和服务的数量增多，其带给我们的边际效用是递减的，这与单峰偏好是一致的，但多峰偏好却与边际效益递减规律相矛盾。然而，在现实世界中，我们并不能排除多峰偏好的存在，事实上，即便是根据多数赞成票规则，也可能会同时通过两种或两种以上的关于公共物品产量的提案。

第二，阿玛蒂亚·森在对布莱克的单峰偏好理论进行总结和概括的基础上，提出了价值限制理论，即只要所有的投票人都一致同意某一个方案不具备某个特点，那么，当所有投票人对一个投票方案达成一致意见时，也可以得到投票的均衡解。阿玛蒂亚·森认为，阿罗不可能定理产生的原因是条件太苛刻，通过放松阿罗不可能定理的条件，可以解决阿罗悖论①。例如，在烟花燃放的三种方案上，假如投票人都一致认为方案 3 不是最优方案，投票人 A 和 B 将对燃放方案的偏好进行重新排列，投票人 A 的偏好次序从 3、2、1 变为了 2、3、1；投票人 B 的偏好次序从 1、3、2 变为了 1、2、3 时，投票人 C 的偏好次序不变，还是 2、1、3，此时不同的投票方案，最终获胜的也都是 2 号方案，可见价值限定使投票也获得了均衡解，解决了投票悖论问题。

5. 投票交易与互投赞成票

（1）投票交易。尽管布莱克的单峰偏好理论，可以有效解决

---

① 〔印度〕阿马蒂亚·森：《集体选择与社会福利》，胡的的、胡毓达译，上海科技出版社，2004。

投票悖论问题，但单峰偏好理论自身也存在着局限性，那就是单峰偏好理论只能针对单一公共物品，当公共物品的类型大于1时，例如，投票人进行投票不仅仅要面临烟花供给量问题，还面临社区健身设施供给量问题时，单峰偏好就不能有效解决投票悖论问题，投票循环还会继续，投票交易也会随之产生。

由于多数同意规则，往往忽视少数派投票人的利益，给他们带来利益损失，为了减少自己的利益损失，少数派投票人会通过交易选票的方式改进自己的境况。现在我们再用前文中烟花燃放的例子，来对交易选票的原理进行解释。在烟花燃放方案这个问题上，投票人 A、B、C 对方案的偏好分别是：

A：3 > 2 > 1

B：1 > 3 > 2

C：2 > 1 > 3

投票者 A 最厌恶的方案是一年只燃放一次烟花，投票者 B 最厌恶的方案是一年燃放2次烟花。这样，投票者 A 和投票者 B 做交易，投票者 A 答应将对方案2的偏好排在偏好1之后，变成3 > 1 > 2，作为交换的条件，投票者 B 答应将对方案1的偏好排在偏好3之后，也变成3 > 1 > 2。在投票交易的过程中，如果不同投票者感觉互相交易存在不公平，可以通过现金补偿的方式来使得交易更加公平。这样，三者对方案的投票偏好就变成：

A：3 > 1 > 2

B：3 > 1 > 2

C：2 > 1 > 3

最后，集体的投票偏好顺序是 3 >1 >2，并且是唯一的，这样就可以避免投票悖论问题。

投票交易是理性的效用最大化模型的逻辑扩展方式。通过投票交易，多数同意规则的投票过程可以逐步实现帕累托改进，最终实现帕累托最优。布坎南和塔洛克指出：投票交易使得多数票规则在资源配置和福利分配中更有效率，现在我们就用科斯定理，简单证明投票交易能够提高社会福利。

科斯定理可以理解为：在交易成本为零，产权明晰并且可以自由交易的情况下，市场会自动实现帕累托最优。在投票交易中，如果交易成本为零，每个人可以自由平等地进行投票，那么，自由投票变成了投票人的一种权利，也可以将这种权利看做一种产权，如果允许每个投票人在个人利益最大化驱动下自由交换投票，根据科斯定理，就可以实现帕累托最优。因此，投票交易学说也可以看做是科斯定理在政治市场的另一种表述。

然而，投票交易不仅仅存在交易成本，而且交易成本非常巨大。进行投票交易，不仅需要知道自己的偏好，还需要知道交易对象的投票偏好，信息获取成本造成了福利损失；同时，投票交易形成的利益集团将会影响决策的最终结果，侵犯非利益集团者的利益。投票交易除增加交易成本之外，当个人的真实偏好无法显现出来时，投票交易机制也不会达到稳定的均衡状态。

（2）互投赞成票。所谓互投赞成票（Logrolling），就是对两个或两个以上的提案，投票者之间愿意对某些关系到他们切身利益的问题进行投票交易。互投赞成票可以采取两种形式：一是显性互投赞成票（Explicit Logrolling）；二是隐性互投赞成票

(Implicit Logrolling)。前者是指互相承诺为对方喜欢的提案投赞成票；后者是指将各自喜欢的方案组合为一个方案，并一起投赞成票。塔洛克认为：从数学和理论的角度看，这两种形式之间没有什么差别。[①]

我们可以借助一个例子来更好地理解互投赞成票。假如一个小区近期有两项活动预案，一是增加保安数量，二是燃放烟花，分别表示为方案 X 和方案 Y，小区中有三个业主 A、B、C 将对其进行投票，每个投票者对不同方案的偏好和效用是不一样的，我们用基数表示效用大小（如表 8－7）。由表 8－7 可知：方案 X 和 Y 的通过，分别给投票者 B 和 C 的效用最大，此时，投票者 B 和 C 就可以互投赞成票使得两个方案都通过，即 B 对 Y 的投票换取 C 对 X 的投票。值得注意的是，利益交易的存在是以要求各自的效用强度分别是非均匀为前提的[②]，也就是说，如果把两个 5 换成了两个 2，就没有交易的利益可言了。

表 8－7　投票者对不同方案的偏好程度

投票者	方案 X	方案 Y
A	－3	－2
B	5	－2
C	－2	5

① 〔美〕戈登·塔洛克：《论投票——一个公共选择的分析》，李政军、杨蕾译，西南财经大学出版社，2007。

② 〔美〕丹尼斯·C. 缪勒：《公共选择理论》，杨春学等译，中国社会科学出版社，1999。

但是，互投赞成票也有可能造成非效率，因为它取决于投票者的相对偏好程度，当方案 X 和 Y 带给 A 的效用大小都变为 -5，如果投票者 B 和 C 达成投票联盟，两个方案都通过了，即使是投票者 B 和 C 都会变好（B 和 C 均获得 5 - 2 = 3 个单位的效用），而 A 的净效用为 -5 - 5 = -10，这两个项目对社会的净效用就是负的。可见，大多数人结成联盟，选择对自己有利的方案，会让少数人承担大部分成本。

二　代议民主制下的公共选择

（一）代议民主制度与政治行为的分析

代议民主制度，即社会成员通过选举自己的代表，如我国的人大代表或其他国家的议员，代表自己的意愿参与社会公共事务管理，从事选举和任命政府负责人、审查和批准政府收支等决策活动。

在代议民主制度下，公共选择涉及政治家的行为、政府公务员的行为、特殊利益集团的行为等问题（温来成，2004）。所谓政治家（也称为政客，或者政府官员），就是通过选举获得职位的政党领袖或代表（例如议员、总统、主席等），其产生与选举周期相关，对选民负责，根据选举法律进行更换；政府公务员是凭借技术受到政府的雇佣，行使国家公职，对上级负责；而利益集团就是有某种共同的目标，并试图对公共政策施加影响的组织实体。在代议民主制度下，通过公共选择来决定政府经济活动的机制和过程有以下特点（温来成，2004）：①政治家的行为：追求选票数量的最大化；②政府公务员的行为：追求预算的最大化；③特殊利益集团的行为：使公共选择的结果更有利于自己的利益。

安东尼·唐斯（A. Downs）模型认为：假设在代议制民主中，各个党派为了赢得选举而制定政策，政客理性，表现在追求选票最大化，选民选举代表理性，表现在追求效用最大化。由于政治家追求自己的利益而非公共利益，并且政治家是凭选票的极大化实现自身利益的，而其选票又是通过提出社会改革方案或政策来争取的，所以，政治家总是追求能给他带来最多选票的政策。同时，在多数同意规则下，每个政党为了获得超过半数的选票，必须在许多方面与不确定性作斗争，由此会导致党派合作，最终会形成两个大党的政治联盟。① 在单峰偏好的多数同意规则和两党制下，当选民只就一个问题表明偏好，中间投票人所偏好的政策就能胜出，符合投票者追求的效用最大化原则（见图 8－4）。

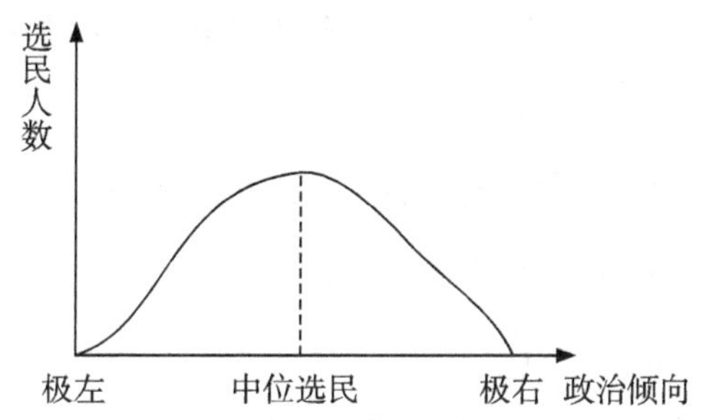

图 8－4　中位选民理论示意图

（二）官僚主义与公共物品的供给

1. 官僚主义

“官僚”一词最早来源于法国，原指所有的政府官员，而官

---

① 方福前：《当代西方公共选择理论及其三个学派》，《教学与研究》1997 年第 10 期。

僚机构则指行政管理的机构，为非营利性的组织，其产出不在市场上销售，资金来源也主要源于税收（许宵云，2006）。官僚主义，是一种思想意识，其基本定义是指政府机构和政府官员行为脱离社会实践，脱离群众，通过损害其他民众的利益来实现和维持自身利益最大化。

官僚行为主要有以下几个特点：

（1）缺乏竞争和激励机制，即不存在同类产品提供者之间的竞争，机构内部的稳定性和程序性排斥了有效激励。这主要是由政府机构的双边垄断性质决定的，一方面政府处于卖方垄断地位，是提供公共产品的唯一单位（私人提供公共产品也需要政府来定夺），另一方面其又处于买方垄断地位，即政府与官僚机构之间是供求关系，作为生产者的官僚机构，总是从政府那里获得预算拨款（黄恒学，2002）。

（2）非利润化，而且个人影响力较大，即政府机构一般只保证供给，不计算利润，甚至较少计算成本；由于政府信息不公开导致政府官员实际操控尺度大。

（3）缺乏敏感性，由于官僚提供的产品不通过市场价格来表现，因此，人们对产品的评价缺乏敏感性，对公共物品的提供缺乏有效监督。

曹绪飞（2004）认为，西方学者常常从制度、人性和组织三个角度来揭示官僚主义的产生根源。从制度上看，依照职能和职位对权力进行分工的科层制会产生各种问题，例如，信息交流不畅、职权不明、工作人员人浮于事等；从人性的角度看，公共选择理论把官员视为“经济人”，而“经济人”就要考虑自身最大的利益，官员们追求自身最大效用的后果，就是官僚主义盛行；从组织化的角度看，则会出现寡头统治，德裔意大利籍著名政治社会学家罗伯特·米歇尔斯就曾提出过“寡头统治铁律”，即组织始终会存在寡头垄断，它使得当选者对于选民占有统治地位，少数人的意志始终凌驾在多数人的意志之上。

2. 官僚主义与效率

所谓效率，就是指我们已经不可能再通过改变资源配置，使得在增加某一产出的同时，又不减少另一产出。官僚机构由于各种原因，导致效率低下甚至无效率，例如，官僚机构本身的目标很笼统抽象，难以度量，而采取操作性的替代目标，往往使最后的结果只达到了次优而非最优；官僚科层制下，交易的成本高，信息传递失真，导致效率低下；等等。

由于官僚机构是各个产品的独家垄断者，其掌握产品的真实成本不会全部透明公开，并且官僚机构会从制度和技术上保障官僚们提出的预算建议得到通过，官僚们为获得自身利益的最大化，会追求预算最大化，官僚的行为会最终影响公共物品的供给。可以说，官僚追求公共权力最大，而公共权力的大小与社会资源的数量呈正相关，社会资源又与公共预算规模呈正相关，结果是公共权力的极大化，必然带来预算规模的极大化，导致公共物品的过度供给，高于最佳的产量水平[①]。由图 8－5 可知，在一定年产量下，公共物品或服务的社会边际成本与社会边际收益相交时，公共物品的最优产量为 Q^*。然而，官僚们为了追求预算

① 智库·文档：《公共选择》，http：//doc.mbalib.com/view/16f9a9fc0fe61789852f1e523e167749.html，2012 年 4 月。

规模的最大化，会动用一切资源和权力，按照社会总成本等于社会总收益的条件来安排公共支出的规模，即 $TSC = TSB$，此时产量为 Q，可见，官僚们所偏好的产量是大于最佳产量水平的。

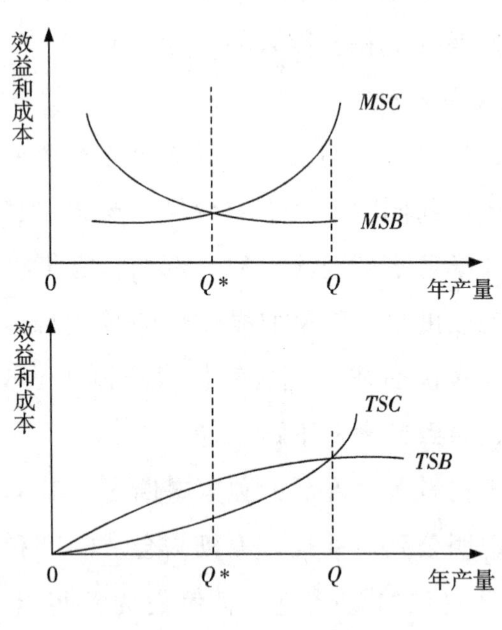

图 8－5　官僚主义与效率

3. 寻租与腐败

狭义的寻租，是指官僚们利用行政法律手段来阻碍生产要素在不同产业之间自由流动和自由竞争，从而维护或攫取既得利益。寻租带来的社会成本主要包括三个方面：既得利益者保持垄断地位的支出；政府部门对这类支出做出反应的努力；寻租引起的第三方的各种扭曲行为。关于寻租所带来的福利损失的详细内容，可以查阅第四章第二节垄断对福利的影响。

腐败，简单来说，就是用公权谋私利。从经济学角度来看，公务员腐败的动机是公务人员的经济理性，而导致公务人员产生腐败行为的原因主要有两个：腐败行为被发现的概率偏低和惩处腐败的力度较小（王建新，2008）。腐败可以从很多方面来进行剖析，如主要对象、行为指向、腐败方式等，而腐败活动主要包括贪污受贿、徇私舞弊、弄权勒索、以权倒卖等。

寻租和腐败都是"经济人"运用公共权力来谋求自身的经济利益，但两者也存在差别，例如，寻租有合法和非法之分，腐败内涵更加宽泛等。寻租和腐败都是官僚体制下的必然产物，其不仅导致经济效率低下，资源的浪费，还会导致财富分配不公，危及和破坏法律的权威性。

（三）公共选择中的利益集团

个人除了可以通过投票实现对公共物品的诉求外，还可以借助利益集团的力量。利益集团（Interest Group），是指具有相同嗜好的个人群体，为了实现共同目标自愿或者非自愿组织起来对公共政策施加影响的有组织的实体。[①] 利益集团通过参与公共决策，实现集团内部个体私人利益以及集团利益的最大化。

一般来说，利益集团（选民抱团）、政治家和政府雇员会形成政治铁三角，三者之间相互牵制，互相制衡，但是，政治代表形成的利益集团，往往和政府官僚联合起来，共同促使一项提案的通过。这种特殊利益集团参与政治过程的方式，既有积极作用，也有消极作用，前者主要指可以集中力量，促使利益集中，从而使积极议案顺利通过；后者则包括：选

① 〔美〕丹尼斯·C. 缪勒：《公共选择理论》，韩旭、杨春学译，中国社会科学出版社，2010。

票交易、误导决策、压制民主、加剧腐败、损害公共利益、加剧社会的不平等。

1. 利益集团产生的原因

现在主要有三种理论试图解释利益集团产生的原因（方福前，2000）：

第一种理论，是以大卫·特鲁曼（David Truman）和罗伯特·道儿（Robert A. Dahl）为代表，被称为传统的利益集团理论，他们认为，利益集团产生的原因，在于利益集团可以增进其成员的利益。理性经济人通过组织利益集团，可以获得不能通过纯粹的个人行为得到的超额利益，每个理性经济人都会隶属于某个或者某几个利益集团，这些相互作用的利益集团，通过自愿性竞争决定了社会决策活动，实现政治市场均衡。因此，国家应该鼓励利益集团的自发性、自由性和自愿性，反对国家对利益集团的干预和强制。

第二种理论以奥尔森为代表，称为集体选择理论。奥尔森认为，由于利益集团供给的产品具有公共物品属性，利益集团内部存在着“搭便车”行为，因此，理性的个体往往更关注自身利益，而忽视集体的共同利益。个体会考虑追求利益过程中承担的成本，即使采取行动实现集体目标后个体可以从中受益，他们仍然不会自愿采取行动实现集团的利益，奥尔森认为，可以通过有选择性激励的手段来激励个体，避免“搭便车”行为。对于利益集团对经济的影响，奥尔森认为，利益集团往往不是通过做大蛋糕增加本集团利益，而是通过获取更大蛋糕份额增加利益，利益集团的这种分利行为，不仅降低经济效率，还会增加社会寻租成本，影响社会稳定。[①]

第三种理论，是以罗伯特·萨利茨波利为代表，称为政治企业家理论。该理论认为，奥尔森的集体选择理论忽视了个体参与利益集团，不仅是为了获取物质利益，而且还是为了实现政治地位、个人成就等方面的满足。具体而言，个体参与利益集团主要获得三种利益：一是物质利益（material benefit）；二是观念利益（purposive benefit），这种利益和价值观念以及意识形态联系在一起；三是团结一致的利益（solidary benefit），参与集体行动可以给人归属感。如果考虑到所有利益，个体参与集体行动的激励会变大，个体和政治企业家会在考虑成本分摊和利益分配的基础上，决定积极行动，还是消极行动。[②]

对上述三种理论进行总结，会发现影响利益集团形成的因素主要有成本因素、交易效率，以及集团稳定性。从成本因素角度来看，一方面利益集团的形成可以降低外部交易成本，包括信息获取成本、监督成本等，同时利益集团的扩大，会增加集团内部交易决策成本，正是在衡量外部交易成本和内部交易成本的基础上，利益集团获得最优规模。从交易成本理论来看，一般来说，当外部边际交易成本等于内部边际交易成本时，利益集团规模达到最优化。从交易效率来看，与个体交易相比，利益集团可以增加博弈能力，提高与其他市场主体的交易效率，同时，利益集团内部做出决策时，由于个体较多，时间决策成本较高，这又会降低交易效率。从集团稳定性来看，利益集团可以分为自发组织的

① 〔美〕曼瑟尔·奥尔森：《集体行动的逻辑》，陈郁译，格致出版社，1995。

② 方福前：《当代福利经济学流派》，中国人民大学出版社，2004。

利益集团和非自愿组成的利益集团，一般来看，自发组织的利益集团的稳定性，低于非自愿组成的利益集团，同时，不同利益集团的稳定性，还与利益集团的性质、利益集团给个体带来收益的能力，以及利益集团的社会地位有关。

2. 利益集团发挥作用的途径

利益集团的主要目的，是通过参与社会决策影响公共物品供给，给本集团以及集团内部个体带来利益。利益集团主要通过两个途径影响社会决策①：第一个途径是通过与立法机关的联系。利益集团通过积极游说、施加压力等方式，改变或者维持法律管制，改变利益分配，为本集团带来利益。第二个途径是通过与行政机关的联系。利益集团通过游说、寻租、承诺参与投票选举等方式，获得垄断或者市场准入的权力，并阻止其他利益集团进入市场，获得超额利润，增加本集团利益。

3. 利益集团对社会福利的影响

利益集团对社会福利的影响，主要包括收入再分配、寻租的福利净损失两个方面，同时，以贝克尔（Jary Stanley Becker）为代表的经济学家认为，利益集团之间的自由竞争会提高经济效率。

（1）收入再分配效应。利益集团通过向立法机关以及行政机关游说，改变法律和管制，影响社会收入再分配：当立法机关同意修改法律时，相当于给一部分人间接补贴，向一部分人间接征税；当立法者同意提高关税时，相当于向本国的消费者征收间接

① 百度文库：《公共选择理论》，http：//wenku. baidu. com/view/c77b06205901020207409cbf. html，2012 年 4 月。

税，减少了消费者剩余，给本国生产者间接补贴，增加生产者剩余。同时，立法的改变还会带来无谓成本（Deadweight Loss），无谓成本指征收货物税所造成的大于纳税额的净损失，无谓成本产生的原因，在于征税会降低经济效益，造成效益损失（方福前，2000）。

（2）寻租。利益集团在施加压力、游说过程中，往往通过寻租方式，给社会带来福利损失。这里的寻租，主要是指利益集团通过影响公共选择和决策为集团谋利的行为。关于寻租所带来的福利损失的详细论述，可以查阅第四章第二节垄断对福利的影响。

（3）提高经济效率。除此之外，有的经济学家认为，利益集团之间的自由竞争会提高经济效率。贝克尔的利益集团模型表明利益集团间的竞争最终会导致有效率的政策或制度的制定。根据贝克尔模型，在立法机关和行政机关将收入转移给利益集团时，他们有激励来选择最有效率的方案。如果组织成本和交易成本为零，只有更有效率的政策才会通过。在利益集团自由竞争下，政治均衡就取决于每个集团施压的能力、增加压力对政治影响的作用、不同集团中的人数以及税收和补贴的无谓成本（Gary S. Becker，1983）。

（四）中西方的公共选择制度

西方议会的基本特征是政党政治，即党政不分。议会将政党与政权联系在一起，政党通过议会内的组织，操纵或影响议会活动，进而控制或影响政府的活动，实现其掌握国家政权的目的（黄建水、马凯，2010）；而《中华人民共和国宪法》第二条规定："中华人民共和国的一切权力属于人民。人民行使国家权力的机关是全国人民代表大会和地方各级人民代表大会。”人民代表大会制度把党的领导、人民当家做主、依法治国有机统一起来，实行民主集中制，是人民行使国家权力的较好形式。中西方的政党制度具有不同的性质和特点，例如建立在不同的经济基础之上，代表着不同的阶级利益，在国家政治生活中的地位、作用和政党之间相互关系也不同（王洪胜，2009）。

1. 西方议会制度

西方主要是多党制议会民主制度，各政党都代表一定的利益集团，都受到垄断财团的支配和控制，忠实地维护资产阶级利益。西方议会制度对国家的政府经济政策具有重要影响，主要体现在：（1）制定符合执政党利益集团的各项经济政策；（2）制定相应经济政策，取得选民支持，争取连选连任；（3）制定、实施某些适当顾及反对党和其他社会阶层利益的经济政策（温来成，2004）。

议会的重要职权就是对政府的预算进行审查和批准，在预算编制、执行、调整和决算过程中，如何协调政府与议会的关系，有效处理政党之争，对整个政府经济活动具有决定性影响。在西方多党制议会民主制度下，议会作为立法机关，其基本职责是制定和实施法律，对政府各项经济活动进行规范。可以说，议会主要是对政府政治经济活动进行立法，同时对政府政治经济活动进行监督；而政府必须在法律授权的范围内组织财政收入、安排财政支出，开展宏观经济管理活动（温来成，2004）。

2. 人民代表大会制度

人民代表大会制度的理论基础是马克思主义国家学说，基本原则是民主集中制，与西方议会制度维护利益集团的利益不同，人民代表大会制度维护全体人民的利益。

人民代表大会制度的运行载体，是人民代表大会及其常务委员会，各级人大对政府政治经济活动具有调节和监督作用，包括各级人民代表大会对政府预算、决算的审查与批准；各级人民代表大会对政府国民经济和社会发展计划的审查与批准；以及全国人大及地方人大经济立法与监督。在人民代表大会制度下，政府的经济职能主要体现在：政府在预算编制、执行和决算中的职责；制定和实施国民经济和社会发展战略规划；法律授权范围内的政府宏观经济决策（温来成，2004）。

作为对人民代表大会制度的补充，政治民主协商制度主要通过以下途径对经济决策产生影响（温来成，2004）：政府就重大经济问题进行决策时，通过政协组织与各民主党派、无党派人士和各人民团体进行协商，听取意见；各民主党派、无党派人士和各人民团体，在视察、调查研究的基础上，通过政协组织，向政府有关部门反映经济运行中存在的突出问题，成为政府经济决策的重要依据；在每年人大、政协“两会”期间，政协委员就政府经济问题提出议案，交由政府相关部门办理，对政府经济活动产生影响。

第三节　政治经济周期与政府失灵

一　政治经济周期

所谓政治经济周期，是指经济活动往往围绕大选日期波动，经济周期循环与政府的周期性决策有很大关系，政府一般在大选之前寻求有利的经济结果，而把不利的经济结果拖到大选之后。[①]政治经济周期的产生有三个必要条件：一是政府行为的目的不是社会福利最大化，而是福利的再分配，政治家关心自己能否连任；二是选民投票时最关心的是通货膨胀和失业率；三是“相机调整”的宏观政策为政府提供了政策工具。

政治经济周期产生的原因，在于政府决策的信息不完全以及政治家的短视，根源来自政治家追求连任，以实现个人利益最大化。分析美国的经济运行规律，会发现美国经济一般以两次总统任期为一个经济周期，这与美国宪法规定总统任期不能连续超过两届有关。在美国总统竞选之前，候选人会通过承诺降低失业率、减税和削减政府开支等赢得大选，竞选成功后，往往要面临前任留下的巨额政府债务，大量财政赤字以及高通货膨胀的压力，总统首先做的往往是通过紧缩性的货币财政政策，牺牲就业率来降低通货膨胀率；在总统第一届任期的前期，美国经济一般比较低迷，总统也会把责任归咎于上一任总统的经济政策，到了换届选举的前一年，美国总统会转变经济政策，通过扩张性财政和货币政策，扩大财政支出，降低失业率，促进经济增长，以此来赢得选民支持，谋求连任，此时，选民的通货膨胀预期增强。而选民投票时最关心的只是诸如通货膨胀和失业率等与自己息息相关之事，只欢迎短期内使其利益最大化的政策调整，政治经济周期使得通货膨胀率和失业率交替上

① 百度文库：《公共选择理论》，http：//wenku. baidu. com/view/c77b06205901020207409cbf. html，2012 年 4 月。

升下降，短期菲利普斯曲线向右下方倾斜，我们可以用一个简单的图（见图8－6）来描述在一个政治经济周期内，通货膨胀和失业率之间此消彼长的关系。

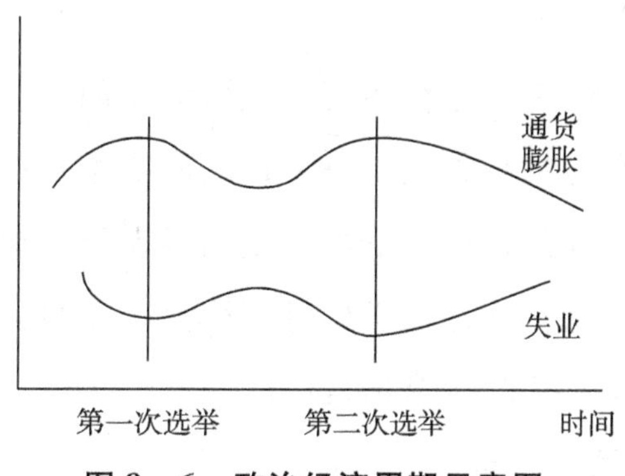

图8－6　政治经济周期示意图

二　政府失灵

（一）原因分析

从公共产品供给的角度看，政府失灵主要表现在有效供给水平不足或供给数量太多，供给成本过高。造成政府失灵的原因很多，例如，选民对公共产品供给者的约束，表现在选民偏好的表达、投票机制的选择、投票加总方式的选择等；利益集团的作用；官僚机构缺乏竞争对手；以及政治家的作用等等。下面我们从四个方面来详细分析政府失灵的原因，分别是政府收集的信息不完全、委托－代理问题、“卢卡斯批评”和不完备的知识。

1. 信息不完全

这里所说的信息是指政府决策部门在决策之前需要收集的信息，例如，当决定安排转移支付时，必须了解哪些社会群体最需要获得这些转移支付，在进行廉租房和经济适用房建设时，必须知道哪些个体满足消费廉租房和经济适用房的条件等。信息不完全，容易造成政府部门不能把公共物品提供给最需要的社会群体。

贝克尔模型认为，当存在压力集团竞争时，政府决策部门可以制定最有效率的决策方案。但是，政府决策部门怎么辨别最有效率的方案，尤其是在未来不可预期的情况下，政府在决策之前需要搜集大量信息，这样由于信息不完全，很可能实现贝克尔模型中的政治均衡，此时容易出现政府失灵。

2. 委托-代理问题

政治市场上选民是委托人，政府机关、立法机关是代理人，政府机关、立法机关掌握的信息要多于选民的信息，此时出现信息不对称与委托-代理问题。这里所说的委托-代理问题，主要是指政府作为理性人的个人利益与委托者利益相冲突。

影响政府部门利益的因素包括：政府公职人员权力的大小、预算经费的多少、政党和政治家获得选票的多少、能否连任、社会决策制定者的私人利益等。当政府部门做出社会决策时，往往会遇到来自选民、利益集团的压力，当选民、利益集团的压力影响到政府部门人员的个人利益时，他们就会制定出倾向于特殊利益集团的社会决策，出现政府失灵。同时，政府部门人员追求个人利益最大化，增加政府预算，会扩大政府规模，造成政府部门人浮于事、效率低下，这也是政府失灵的表现。

3. 卢卡斯批评

卢卡斯批评，是由理性预期学派的代表卢卡斯（Robert Lucas）提出的，意在说明政府制定公共决策的时候，没有考虑到市场主体对公共决策的预期，造成公共决策达不到预期的效果。[①]比较典型的是政府往往通过提高失业率来抑制通货膨胀，政府制定宏观经济政策降低失业率的时候，往往假定市场主体的预期通货膨胀率是不变的，然而，按照卢卡斯的观点，市场主体会根据经济变化进行理性预期并对政府决策做出反应，市场主体看到政府下决心治理通胀时，会降低通货膨胀预期，这样，政府能够以更小的成本将通胀保持到合理水平。除了治理通胀之外，卢卡斯批评还表明，当忽视市场主体对政府决策的反应时，公共决策可能会取得相反的效果，例如，政府为了保障公民的健康会向老人提供价低质优的公共医疗保障，结果可能降低老人锻炼的激励，以及增加老人对公共医疗的需求，最终提高政府的预算。

4. 不完备的知识

不完备的知识，也是政府失灵的重要原因。政府失灵的一个重要表现是政府制定很多无效率的政策，政策无效率的原因，可能来自政治家和选民不知道最优政策是什么。个人对公共政策具有异质性理解，每个人对政策的知情程度是不一样的，当政府在制定政策时，只能选择那些更容易证明不会带来无效率的政策，有时候，这种选择恰恰会带来相反的效果。布坎南和瓦格纳就利用不完备知识构建了模型[②]，解释政府赤字为什么会偏离最优轨

---

① 〔美〕鲁迪格·多恩布什、斯坦利·费希尔、理查德·斯塔兹：《宏观经济学》（第十版），王志伟译，中国人民大学出版社，2010。

② 〔美〕詹姆斯·M. 布坎南、理查德·E. 瓦格纳：《赤字中的民主：凯恩斯勋爵的政治遗产》，刘延安译，北京经济学院出版社，1988。

迹，这可以为我们研究政府失灵提供借鉴。

（二）解决之道

从公共选择理论角度来看，解决政府失灵问题主要有三项措施，分别是重新创造市场、宪法约束（方福前，1997）和划分立法权。

1. 重新创造市场

重新创造市场，首先要重塑偏好机制，使得市场主体能够真实体现自己的偏好。重塑偏好机制的措施包括：通过购买保险的方法来避免自己最不喜欢的偏好获胜；通过运用克拉克机制显示市场主体真实偏好；通过给予市场主体货币选票并允许他们按照偏好强度，自由分配选票以获取市场主体的真实偏好；以及否决投票法等。重新创造市场，还可以通过在公共部门中引入私人竞争、明晰产权制度、解决外部性等策略，抑制政府过度膨胀，提高政府运作效率。

2. 宪法约束

宪法约束是弗吉尼亚学派的主要观点，他们认为，解决政府失灵，需要改革宪法，重新确立一整套经济和政治活动的宪法规则，对政府部门施加宪法约束。公共选择理论认为，只有通过宪法改革，才能从根本上解决政府失灵。①

3. 划分立法权

哈耶克认为，政府失灵的原因在于议会按照政府的意愿制定了太多具有强制性的法律，议会权力过大促使政府走向集权。哈

① 〔美〕布坎南：《宪政经济学》，冯克利等译，中国社会科学出版社，2004。

耶克认为①，可以建立一个不受制于政府，不制定满足一时之需法律的立法机构，它仅仅制定对政府的强制权施加永久性限制的法律，即使是民选的政府也不能逾越这些限制。哈耶克同时强调，政府必须遵守立法机构所制定的公共行为的普遍规则，不能拥有对公民的强制权利。为了防止政府逾越这些限制，宪法法院需要对政府进行监督。

本章参考文献

[1] 温来成：《政府经济学》，中国人事出版社，2004。

[2]〔美〕尼斯·缪勒：《公共选择》，王诚译，中国社会科学出版社，1992。

[3] Anthony Downs：An Economic Theory of Democracy，New York：Harper，1957.

[4]〔美〕埃莉诺·奥斯特罗姆：《公共事物的治理之道》，余逊达、邱红译，上海三联书店，2000。

[5] 方福前：《当代西方公共选择理论及其三个学派》，《教学与研究》1997 年第 10 期。

[6] James M. Buchanan，Gordon Tullock：The Calculus of Consent：Logical Foundations of Constitutional Democracy，The University of Michigan Press，1962.

[7] 百度文库：《布坎南理论》，http：//wenku. baidu. com/view/

① 〔英〕弗里德里希·冯·哈耶克：《哈耶克文选》，冯克利译，江苏人民出版社，1997。

f6b92bee4afe04a1b071defd. html，2012 年 4 月。

［8］百度文库：《公共选择理论》，http：//wenku. baidu. com/view/c77b0620590102020 7409cbf. html，2012 年 4 月。

［9］〔美〕哈尔·R. 范里安：《微观经济学：现代观点》，费方域等译，上海人民出版社，2006。

［10］〔美〕布坎南：《经济学家应该做什么》，罗根基、雷家瑞译，西南财经大学出版社，1988。

［11］〔英〕亚当·斯密：《国民财富的性质和原理》，赵东旭、丁毅译，中国社会科学出版社，2007。

［12］百度文库：《公共经济学》，http：//wenku. baidu. com/view/60f5c62cbd64783e09122b59. html，2012 年 4 月。

［13］〔美〕肯尼斯·阿罗：《社会选择与个人价值》，丁建峰译，上海人民出版社，2010。

［14］〔印度〕阿马蒂亚·森：《集体选择与社会福利》，胡的的、胡毓达译，上海科技出版社，2004。

［15］〔美〕戈登·塔洛克：《论投票——一个公共选择的分析》，李政军、杨蕾译，西南财经大学出版社，2007。

［16］〔美〕丹尼斯·C. 缪勒：《公共选择理论》，杨春学等译，中国社会科学出版社，1999。

［17］许宵云：《公共选择理论》，北京大学出版社，2006。

［18］黄恒学编《公共经济学》，北京大学出版社，2002。

［19］曹绪飞：《官僚主义的产生根源、机制及其治理》，《中共浙江省委党校学报》2004 年第 3 期。

［20］智库·文档：《公共选择》，http：//doc. mbalib. com/view/16f9a9fc0fe61789852f1e523e167749. html，2012 年 4 月。

［21］王建新：《腐败成因的制度经济学分析》，《经济研究参考》

2008 年第 34 期。

[22]〔美〕丹尼斯·C. 缪勒：《公共选择理论》，韩旭、杨春学译，中国社会科学出版社，2010。

[23] 方福前：《公共选择理论》，中国人民大学出版社，2000。

[24]〔美〕曼瑟尔·奥尔森：《集体行动的逻辑》，陈郁译，格致出版社，1995。

[25] 方福前：《当代福利经济学流派》，中国人民大学出版社，2004。

[26] Gary S. Becker：A Theory of Competition Among Pressure Groups for Political Influence，Quarterly Journal of Economics，No. 8，1983.

[27] 黄建水、马凯：《论人民代表大会制度与西方议会制度的本质区别》，《华北水利水电学院学报（社科版）》2010 年第 1 期。

[28] 王洪胜：《从政党制度层面讨论应对金融危机——金融危机背景下的中西政党制度比较研究》，《管理观察》2009 年第 3 期。

[29]〔美〕鲁迪格·多恩布什、斯坦利·费希尔、理查德·斯塔兹：《宏观经济学》（第十版），王志伟译，中国人民大学出版社，2010。

[30]〔美〕詹姆斯·M. 布坎南、理查德·E. 瓦格纳：《赤字中的民主：凯恩斯勋爵的政治遗产》，刘延安译，北京经济学院出版社，1988。

[31]〔美〕布坎南：《宪政经济学》，冯克利等译，中国社会科学出版社，2004。

[32]〔英〕弗里德里希·冯·哈耶克：《哈耶克文选》，冯克利译，江苏人民出版社，1997。

第九章　结语

第一节　发展与福利

一　由现实现象引出的思考

人类社会经济发展到现阶段，收入和幸福悖论仍然是一个普世难题，尽管经济日益发达，技术日新月异，收入不断增加，生活越来越便利，然而，人们的幸福感不但未明显提升，反而在不断降低。澳大利亚华人经济学家黄有光，在对后发国家的情况进行考察后指出：东亚地区已经取得了较高的收入水平，且拥有较快的经济增长率，人们应该感觉到更幸福才对，然而事实恰恰相反，出现了“东亚快乐鸿沟”；对美国的幸福感进行调查得出：1960～2000年，按不变价格，美国人均收入翻了3番，但认为自己“非常幸福”的人口比例，却从40%左右下降到30%左右[①]，人群中患临床抑郁症的人也比以前更多；而中国的数据也显示出

① 飞扬军事：《贫富悬殊降低中国人幸福感　学者称官僚剥夺公民尊严》，http://www.fyjs.cn/viewarticle.php?id=295468，2010年12月14日。

收入与幸福感逐渐背离的趋势，例如，2011 年北京的人均 GDP 已经达到 80394 元，接近富裕国家水平，但从 1997 年到 2011 年，每一年政府税收的增速都要高于 GDP 的增速，2011 年北京城镇居民人均可支配收入 32903 元，仅为人均 GDP 的约 40%，农村居民人均纯收入仅为 14736 元[①]，可见人均 GDP 水平转化为收入水平的程度并不高，发展成果并没有惠及到普通民众；首都经贸大学于 2012 年 1 月公布的“2011 北京社会经济生活指数”显示：北京市城镇居民幸福指数为 72.28，“幸福感”比 2010 年略有降低，而且幸福指数降低的主要原因是“对收入不满”。[②]

经济技术发展给人们的物质生活带来了显著的影响，但是，为什么人们的幸福感却逐步降低了呢？最根本的原因在于发展的导向存在偏差，即以 GDP 为导向的经济发展观，最终带来的只是物质上的繁荣，而非人们幸福感的提升，主观幸福感在很大程度上取决于非物质因素。

二　理解发展

既然 GDP 中隐含的信息与真实社会的福利状况相差甚远，发展的目标不是为了单纯追求 GDP 的数量，那发展究竟是为了什么呢？阿玛蒂亚·森认为，自由的扩展是发展的首要目的和主要手段，这可以看作是对发展的一种哲学认识。在测度发展方

① 搜狐新闻：《北京税收增速高于 GDP 增速　人均可支配收入偏低》，http：//news. sohu. com/20120227/n335949265. shtml，2012 年 2 月 27 日。

② 新京报：《居民幸福感 2011 年略降》，http：//epaper. bjnews. com. cn/html/2012 - 01/17/content_ 310791. htm？div = -1，2012 年 1 月 17 日。

面，早在 20 世纪 70 年代初，不丹就提出“国民幸福指数（GNH）”，将幸福社会模式分成 4 个支柱、9 个区域和 72 项指标，强调政府善治、经济增长、文化发展和环境保护；联合国在 1990 年的《人类发展报告》中，首次提出了人类发展指数（HDI），将预期寿命、教育水准和生活质量作为基础变量组合成综合指标，强调以教育和健康为代表的人类发展，用以评价各国的综合发展水平；1995 年世界银行提出绿色 GDP 核算体系，意在计算扣除了自然资源枯竭和环境污染损失等外部性损失后的一个国家的国民净财富，将自然资本纳入成本之中，强调经济社会发展的可持续性，体现了新的经济发展观。2011 年，联合国环境规划署（UNEP）也发布报告，声称联合国衡量社会财富的新标准将加入自然和社会成本因素，从而超越 GDP 并将污染和退化的成本内部化，将地球自然资本的价值纳入可持续经济的计算中。① 可见，战后普遍采用 GDP 作为衡量发展的指标存在诸多不足，传统的以 GDP 为导向的发展观，由于其自身的缺陷正不断被人们所遗弃，而新的发展观，更加重视从全面的角度来衡量发展，尤其注重个体本身的生活满意度和幸福感体验。

我国从第六个五年计划开始，把“国民经济五年计划”改为“国民经济与社会发展五年计划”，逐步追求经济、科技、教育、文化、社会的全面发展；2005 年中科院院士程国栋，提出要落实“以人为本”，核算“国民幸福指数”，建议国家有关部门研究制订一套“国民幸福指数”的评价体系；2006 年 9 月国家统计局

① 中新网：《联合国提出衡量社会财富新标准　望其取代 GDP》，http://www.chinanews.com/cj/2011/11-16/3465621.shtml，2011 年 11 月 16 日。

就指出，将推出幸福指数、人的全面发展指数、地区创新指数，以及社会和谐指数等一些新的统计内容，以寻求经济和社会的全面发展；同年，中央提出了“扎实促进经济又好又快”发展的新方针，把“又快又好”调整为“又好又快”，后来又把“经济增长方式”改为“经济发展方式”，由强调发展的速度转为注重发展的质量，反映了中国经济发展理念的转变。但是，在联合国开发计划署公布的 2011 年人类发展报告及人类发展指数排名中，挪威名列第一，中国排名第 101 位。由于人类发展指数是在健康长寿的生活、知识以及体面的生活水平三大维度下构成的综合指标，而我国的排位仅仅属于中等水平，这说明我国的发展方式还存在很大的提升空间。

可以说，以“GDP”为纲的时代已经过去，“春天的故事”需要我们在劳动就业、国民教育、社会福利、医疗卫生等诸多民生领域来更好地演绎，国家、社会和个人努力追求的发展目标是幸福水平的不断提高。

三　追求福利

发展的目标，俨然已从追求 GDP 转变为提高人们的幸福生活水平，而福利又可以被理解为幸福和快乐，是个人生活的幸福满意程度，人类社会发展就是为了追求福利的增加、幸福感的增强，就像英国哲学家休谟（David Hume）所言：“一切人类努力的伟大目标在于获得幸福。”然而，幸福到底是什么呢？作为一种主观心理体验，不同的人对它都有着不同的理解，古希腊的亚里士多德认为：“幸福就是灵魂的一种合乎德性的现实活动”；美国经济学家萨缪尔森认为：幸福 = 效用/欲望，效用越大，欲望越小就越幸福。这需要我们用科学的研究范式和方法来对幸福做进一步的理解和分析，而现代福利经济学就是以幸福为导向的经济学。

第二节　以幸福为导向的经济学

一　现代福利经济学

传统的古典经济学往往强调财富的重要性，经济学主要研究的，也是稀缺资源的优化配置问题。作为现代经济学的一个分支——福利经济学，虽然也是研究资源的合理优化配置，但它是以幸福为导向的，也就是说，无论是国家、社会，还是个人都面临着各种选择与资源配置问题，但出发点和落脚点都是与谋求福利相关。

长期以来，很多人都认为，经济学及经济学家都是在“理性人”、“经济人”等概念的基础上从事研究，但事实上，真正的经济学，也就是那些为人类谋福祉的经济学，都是富有人文关怀的，真正的经济学家也是人文学者。例如，英籍德国人舒马赫（E. F. Schumacher），他不仅是一位经济学家，更是一位人文主义者。他在《小的是美好的》（Small is Beautiful）一书中，倡导一种新的生产方式，认为应该以人为主要资源，提高教育水平，珍惜土地，更有效地运用工业资源，让科技充满人性。他主张通过发展中间技术来解决相应的社会与经济问题，从而创造工作机会，有效利用本地资源，增加劳动的愉悦，而不是把人变成技术的奴隶等。作为一本把“人”放在重要位置的经济学著作，该书代表了经济学家的逆向思维。台湾大学哲学系教授傅佩荣就以“杰出的经济学家在骨子里依然是一位人文学者”来评价舒马赫。其实，这一点也可以从经济学家亚当·斯密的思想上得到体现，尽管其所著的《国富论》是古典政治经济学的奠基之作，但其《道德情操论》的地位并不在《国富论》之下，该书从不同方面深入地论述了人类的情感和伦理道德产生的原因和基础，强调人既要“利己”也要“利他”，亚当·斯密也不愧是一名杰出的伦理学家。可见，经济学的研究并不是片面的，冷冰冰的，真正的经济学，作为社会科学的分支之一，是与其他学科相互交叉，密不可分的，它强调人文关怀，强调追求人们的福利与幸福。

福利经济学旨在形成相应的理论来研究不同时空条件下经济社会发展的合意性，研究福利变化的评价标准，还有福利的影响因素研究，分析垄断、信息不对称、外部效应、公共物品等与社会福利的关系，探讨公共选择理论及其在有关制度改革与政策制定中的运用等，这些都是以提高和服务人们福利为宗旨的，涉及许多社会科学领域。可以说，福利经济学发展到今天，俨然已成为连接经济学和幸福的桥梁，现代福利经济学应当是以幸福为导向的经济学。

二　幸福的测度和研究

作为福利经济学的追求目标，幸福是可以被测度和研究的。例如，人们通常认为，主观幸福感由“三个维度”构成（奚恺元等，2008），具体涉及“五大要素”。[①] “三个维度”是指：①情感维度，它表示人们对生活幸福与否的实时的主观评价，分为正向和负向情感，是人们本能的反应；②认知维度，是相对于情感维度较为高级的幸福体验，人们可以通过高级的认知过程来体验幸福；③过程维度，强调过程中的流体验。测度主观幸福感的方法，包括自陈报告法、知情者/观察者报告法、生理测量法、任务测量法等。“五大要素”则包括职业幸福感、社交幸福感、财务（经济）状况幸福感、健康状况幸福感、社会环境幸福感（社会贡献幸福感）。这些都是一个人感受幸福程度的重要影响因素，也是我们提高和增进自身幸福感的重要方面。

在研究幸福问题时，人们还提出了幸福指数及相关的指标体系。幸福指数是衡量社会进步发展的重要指标，关于幸福指数测算的工具有很多，例如，经济合作与发展组织在2011年就发布了一项名为“幸福指数”的在线测试工具，该工具包括11个因素：收入、就业、住房、教育、环境、卫生、社区生活、机构管理、安全、工作与家庭关系，以及对生活条件的整体满意度[②]；由美国哥伦比亚大学地球研究所同联合国共同发布的全球幸福指数报告中，测算的标准，涉及教育、健康、环境、管理、时间、文化多样性和包容性、社区活力、内心幸福感、生活水平等，共

① 〔美〕汤姆·拉思、吉姆·哈特：《你的幸福可以测量》，王权、钟颂飞、王正林译，中国青年出版社，2010。

② 中国网络电视台：《OECD发布“幸福指数”在线测试工具　涉及11个因素》，http：//news. cntv. cn/20110525/103572. shtml，2011年5月25日。

九大领域，33 个分项。[1] 可见，关于幸福的测算，不仅是可行的，而且已在世界众多地方生根发芽，取得了一定的成果，也是福利经济学的重要研究方向之一。2002 年诺贝尔经济学奖就授予了美国学者丹尼尔·卡尼曼和弗农·史密斯，表彰他们“把心理研究的悟性和洞察力与经济科学融合到一起”。他们以实证的方式证明了“幸福和痛苦的体验效用也可测度”，并支配着人们的生活。

第三节　通往幸福之路

一　关于如何获得幸福的思考

对幸福的追求是人类永恒的主题，古今中外众多人士对如何获得幸福这一问题，也充满了无限的探讨热情。英国著名的哲学家、数学家、文学家和社会活动家伯特兰·罗素曾在《幸福之路》中，对不幸和幸福之源做了深入的分析，他认为，幸福之源在于热情、爱、家庭、工作、努力与舍弃；20 世纪伟大的心灵导师和成功学大师卡耐基认为，世界上的每一个人都在追求幸福，人们可以通过控制自己的思想得到幸福。“幸福并不是依靠外在的情况，而是依靠内在的情况”，强调幸福感来源于自己的内心，正所谓“幸福，由心不由境”。

而在我国，对获取幸福的体验也不尽相同，例如，孔子有

① 和讯网：《联合国全球幸福指数榜：丹麦芬兰挪威位列三甲》，http://money.hexun.com/2012-04-06/140108633.html，2012 年 4 月 6 日。

“有朋自远方来不亦乐乎”；杜甫有“安得广厦千万间，大庇天下寒士俱欢颜”；范仲淹有“不以物喜，不以己悲”、“先天下之忧而忧，后天下之乐而乐”，都体现了不同的幸福感受；钱钟书认为“一切幸福的享受都属于精神”；雷锋在日记中写道：“把革命利益放在第一位，为党的事业贡献自己的一切，这才是最幸福的。”在我国的传统哲学思想中，幸福的天平往往偏向精神上的体验，“知足常乐”就被奉为保持内心幸福的不二法宝。

我们每一个平凡的人，对幸福也有着简约而不简单、充满生活哲学的体验和感悟。对有些人来说，幸福可能来自于一些朝思暮想、执著追求的事物，如某种物品、金钱、荣誉、权力等；而有些人的幸福，可能来自于对某个目标的苦苦寻求，而又寻而不得，在准备放弃的前一秒又“柳暗花明”时，得到的一种精神体验；更多的人，当然也包括前面两种人，幸福来自于生活中简简单单的小事情、小感悟，就像在电影《求求你表扬我》里，杨红棋的台词：“幸福就是我饿了，看别人手里拿个肉包子，那他就比我幸福；我冷了，看别人穿了一件厚棉袄，他就比我幸福；我想上茅房，就一个坑，你蹲那了，你就比我幸福。”生活总是苦乐参半，百味杂陈，更多的时候，幸福与否只是一种心态，领悟比强求常常使得内心更为舒畅和愉快。

二　幸福感的提升

尽管个人的幸福感是一种主观的感受，然而，幸福感的决定因素众多，生活环境与条件必然要在一定程度上影响人们的幸福。我们正处于市场经济时代，市场和政府行为同人们的生活息息相关，因此，幸福感的提升不能不考虑政府、企业和个人等三大主体的行为，三者的自律对个人和社会幸福指数的提升大有裨益，而超越政府和市场的力量，即习惯和道德的力量，在引导人们达到幸福与和谐中也是至关重要的。

（一）完善三大主体的行为

1. 廉洁高效的政府

建立一个行为规范、运转协调、公正透明、廉洁高效的政府管理体制，是增进人们福利的重要保证。一个高效廉洁的政府，意味着能使市场经济运行机制更好地发挥作用，社会成员充分发挥其积极性、创造性，养成勤劳和创新的良好习惯，而不是投机钻营、弄虚作假、尔虞我诈。只有在高效廉洁的政府管理下，个人的劳动成果和产权才能得到保护，才能藏富于民，才能不断促进社会财富的增长。而当前在很多方面政府存在职能的越位、缺位和错位问题，以权谋私、贪污腐败、官商勾结、官僚作风等现象普遍存在，这使人们的勤劳和创造热情受到抑制。要想使政府廉洁高效，除了要培养政治领袖和公务人员的廉洁奉公意识外，还需要考虑以下几个方面：

（1）转变政府职能。政府“不是掌舵，而是服务”，政府的职能，不是进入市场，而是为经济社会发展提供保障，主要集中在经济调节、市场监管、社会管理和公共服务等方面。进一步转变政府职能，需要把不该由政府管理的事，交给市场、企业、社会组织和中介机构等，并切实转变政府管理经济方式。因此，应当继续推进政企分开、政社分开，把大政府变为小政府；要认真贯彻《行政许可法》，深化行政审批制度的改革，维护市场开放和公平。正如哈佛大学前校长德里克·博克说的那样：政府不要把全部精力放在提高经济总量和劳动效率上，而是应该以激发民众的热情、潜能和创造力为目标，让他们享受生活和工作。[①] 当然，转变政府职能是一项渐进且艰难的工程，虽然我们很难达到100%的效果，但它始终是我们追求的目标之一。

（2）改革政治经济体制。政治体制改革，主要涉及行政机构、领导体制、干部人事制度、行政法规等方面，目的在于提高政治与行政工作的效率，建立起一个高效廉洁的政府；而经济体制改革，主要是建立和完善社会主义市场经济体制，完善所有制和分配方式，内容包括对国家计划、财政、税收、金融、物价、劳动和社会保障等宏观方面的改革，也包括对国有企业的改造、增强民营企业活力等具体方面的改革。

（3）政府行为的公开透明。根据《中华人民共和国政府信息公开条例》，政府信息公开是指行政机关依照法定程序，以法定形式公开与社会成员利益相关的信息，允许社会成员通过查询、阅览、复制、摘录、下载等方式予以充分利用。政府信息的公开，直接关系到公民民主权利的实现和切身利益的维护，应全面推行政务公开，加快电子政务建设，增强政府工作的透明度，从而使社会组织、企业和公民更广泛地参与公共事务管理。

（4）健全社会监督机构和机制。诱发政府腐败和失职的原因有很多，对公共权力缺乏监督和制约是其根本原因之一。社

① 环球网：《为何中国人幸福感与财富增长不成比例》，http：//opinion.huanqiu.com/picture/2010-07/938215.html，2010年7月19日。

会监督是制约政府失灵的重要组成部分，健全和完善权力监督机制，是我国现阶段反腐倡廉的可靠保证。完善社会监督机构和机制涉及的内容很多，主要举措包括公民监督与人大监督相结合；实行群众评议机关制度；规范举报受理机关，拓宽举报渠道，建立举报奖励机制；拓宽民意表达渠道，保障媒体的舆论权力等。例如，新加坡政府不仅成立了反贪污调查局，加强组织自身的内部监督，减少公务人员职务犯罪，还实行网上办事的电子政务公开制度，很多公共服务事务都能在网上办理，以保证权力在阳光下运行，积极接受社会监督。

2. 履行社会责任的企业

早在1954年，现代管理学之父彼德·德鲁克（Peter Drucker）就在《管理的实践》一书中，提出了企业社会责任这一概念，强调企业在创造利润、对股东利益负责的同时，还需要对员工、消费者、社区、环境等承担责任。1997年，美国设计了社会责任SA8000标准和认证体系。作为全球第一个关于企业社会责任的国际标准，SA8000的内容，主要涉及人权和劳工权益问题，对于企业发展、国际贸易产生着日益重要的影响。在我国，修订后的《中华人民共和国公司法》于2006年1月1日起施行。其中也明文规定，公司从事经营活动必须承担社会责任。和依法纳税一样，将公司履行社会责任也变成了强制行为。

阿奇·卡罗尔（Archie Carroll）在1979年提出了“企业社会责任金字塔”理论，他把企业社会责任看做是一个结构成分，关系到企业与社会关系的四个不同层面：经济责任、法律责任、伦理责任和慈善责任。就企业考虑的先后次序及重要性而言，这四个层面呈现金字塔形结构，其中经济责任是基础，占最大比例，法律、伦理以及慈善的责任依次向上递减。可以说，企业的社会责任，既有强制的法律责任，也有自觉的道德义务。在当今社会发展过程中，企业家需要有长远的眼光，要认识到企业尽社会责任的长远利益，要意识到履行社会责任在一定意义上也是企业的长期投资。然而在现实社会中，很多企业仍然存在社会责任意识淡薄、目光短浅等问题，结果是既损害了公司的名誉，引致严重的公关和倒闭危机，又对公众及社会造成福利的巨大损失。例如，2012 年 4 月 2 日，央视《焦点访谈》栏目曝光了一些企业使用腐败的动物内脏炼制地沟油，给人民的身体健康带来了严重的负面影响。这不仅引起了人们对食品安全的再次担心，更看到了企业社会责任的缺失，同时，暴露出政府相关部门在日常管理和监督过程中，存在一定程度的失职。

很多企业不能做大、做强和做长，都与其未能较好地履行社会责任、不按经济规律办事、不依照法律法规经营、不遵守社会公德和商业道德、投机取巧、追求短期利益有关。例如，对我国落马企业家的统计表明：2009 年有 95 位，2010 年上升到 155 位，2011 年突破了 200 位，企业家犯罪出现了逐年上升的趋势。而企业家的犯罪类型，主要集中在职务类、资金类、经营类犯罪三大方面，主要反映了监管机制的缺乏、金融供应体系的不畅，以及经营方式“创新”的高风险①，其背后折射出在市场经济还不够完善的阶段，一些企业家通过官商勾结、权钱交易、践踏法

① 搜狐财经：《2011 年 200 中国企业家落马　光明原董事长贪 7.9 亿》，http://business.sohu.com/20120115/n332231228.shtml，2012 年 1 月 15 日。

律、损害消费者权益，从而实现自己的短期暴利。这不仅使民众福利、企业福利和社会福利受到巨大的损失，更打击了民众对企业和政府的信心。这种恶性的经济关系和秩序，会产生大量的寻租问题，影响市场资源的优化配置，带来效率的损失。企业作为经济体系的基本细胞，其发展状况直接关系到国民经济的好坏，对于全体人民的福祉意义重大。因此，净化市场环境，建设法治社会，培育出具有社会责任感的企业，对于幸福指数的提升具有重要的现实意义。

3. 具有良好修养的公民

除了政府和企业以外，个人自身的修养，也是决定幸福获取程度的重要方面。哲学家叔本华在其《人生的智慧》一书中，对个人如何获得幸福做出了简单而深入的回答，认为决定人们命运及幸福与否的最重要因素，是人的自身。所谓人的自身，就是在最广泛意义上属于人的个性的东西，它包括人的健康、力量、外貌、气质、道德品格、精神智力及其潜在发展①，正是由于同一件事情对每一个人产生的幸福体验都不一样，真正的幸福来自于自身的内在素质。这种素质不是简单地表现在专业技术水平上，也不是能力大小上，而在于一个人的道德价值观念、责任心、成就动机、自我控制管理潜力、工作态度、诚实水平等。例如，当我们在公共场合时，不吸烟，不大声喧哗，不随地吐痰，在公园里不乱扔果皮垃圾，在自己的工作岗位上尽职尽责，这些在个人修养上种种的改进，都会让我们感受到一个更加美好的城市，一

① 〔德〕叔本华：《人生的智慧》，韦启昌译，上海人民出版社，2008。

个更加和谐的社会环境，一份更加甘甜的幸福体验。

（二）发挥习惯和道德的调节作用

正如本书前文所述，市场经济和政府干预都会出现失效和不灵，除了市场和政府之外，还有调节社会和个人生活的第三只手，就是习惯和道德。厉以宁认为“习惯与道德调节，既然在非交易领域内起着主要作用，那么，显而易见，随着非交易领域的不断扩大，习惯与道德调节，在社会经济生活中的作用也将越来越突出”（厉以宁，1999）。具体来说，与市场经济相适应的道德规范，主要涉及平等、自由、合作、诚实、守信、正义，以及利他主义等（盛洪，1999）。

同样，为了获得个人幸福，养成观察思考、目标明确、勤劳、敬业、创新、负责、知彼知己、合作双赢、无私奉献、不断更新等良好的习惯至关重要。正所谓“人生，由我不由天”。常言道，人生有三苦：一曰得不到；二曰付出了，得到了，却发现不过如此；三曰轻易放弃了，后来却发现它在你生命中如此重要！因此，在配置时间和金钱等资源时，要学会选择与放弃！

可以说，通往幸福之路，离不开高效廉洁的政府、充满社会责任感的企业，更离不开个人自身的内在修养和主观体验，而当市场和政府都失灵时，习惯和道德会发挥重要的调节作用，只有政府、企业和个人都努力去营造一种良好的社会经济秩序时，才能最终获得个人和社会福利的最大化。

本章参考文献

［1］飞扬军事：《贫富悬殊降低中国人幸福感　学者称官僚剥夺公民尊严》，http：//www. fyjs. cn/viewarticle. php？ id = 295468，2010 年 12 月 14 日。

［2］搜狐新闻：《北京税收增速高于 GDP 增速　人均可支配收入偏低》，http：//news. sohu. com/20120227/n335949265. shtml，2012 年 2 月 27 日。

［3］新京报：《居民幸福感 2011 年略降》，http：//epaper. bjnews. com. cn/html/2012 – 01/17/content_ 310791. htm？ div = – 1，2012 年 1 月 17 日。

［4］中新网：《联合国提出衡量社会财富新标准　望其取代 GDP》，http：//www. chinanews. com/cj/2011/11 – 16/3465621. shtml，2011 年 11 月 16 日。

［5］奚恺元等：《撬动幸福》，中信出版社，2008。

［6］〔美〕汤姆·拉思、吉姆·哈特：《你的幸福可以测量》，王权、钟颂飞、王正林译，中国青年出版社，2010。

［7］中国网络电视台：《OECD 发布“幸福指数”在线测试工具　涉及 11 个因素》，http：//news. cntv. cn/20110525/103572. shtml，2011 年 5 月 25 日。

［8］和讯网：《联合国全球幸福指数榜：丹麦芬兰挪威位列三甲》，http：//money. hexun. com/2012 – 04 – 06/140108633. html，2012 年 4 月 6 日。

［9］环球网：《为何中国人幸福感与财富增长不成比例》，http：//opinion. huanqiu. com/picture/2010 – 07/938215. html，2010 年 7 月 19 日。

［10］搜狐财经：《2011 年 200 中国企业家落马　光明原董事长贪 7.9

亿》，http：//business. sohu. com/20120115/n332231228. shtml，2012 年 1 月 15 日。

［11］〔德〕叔本华：《人生的智慧》，韦启昌译，上海人民出版社，2008。

［12］厉以宁：《超越市场与超越政府——论道德力量在经济中的作用》，经济科学出版社，1999。

［13］盛洪：《经济学精神》，广东经济出版社，1999。

参考文献

[1]〔德〕哈贝马斯：《公共领域的结构转型》，曹卫东等译，学林出版社，1999。

[2]〔德〕叔本华：《人生的智慧》，韦启昌译，上海人民出版社，2008。

[3]〔美〕R. 科斯等：《财产权利与制度变迁——产权学派与新制度学派译文集》，刘守英等译，上海三联书店，1994。

[4]〔美〕埃莉诺·奥斯特罗姆：《公共事物的治理之道》，余逊达、邱红译，上海三联书店，2000。

[5]〔美〕保罗·萨缪尔森、威廉·D. 诺德豪斯：《经济学》，肖琛译，人民邮电出版社，2008。

[6]〔美〕布坎南：《经济学家应该做什么》，罗根基、雷家瑞译，西南财经大学出版社，1988。

[7]〔美〕布坎南：《宪政经济学》，冯克利等译，中国社会科学出版社，2004。

[8]〔美〕丹尼斯·C. 缪勒：《公共选择理论》，韩旭、杨春学译，中国社会科学出版社，2010。

[9]〔美〕丹尼斯·C. 缪勒：《公共选择理论》，杨春学等译，社会科学出版社，1999。

[10]〔美〕登姆塞茨：《关于产权的理论》，《财产权利与制度变迁——产权学派与新制度学派译文集》，刘守英等译，上海三联书店，1994。

[11]〔美〕弗雷德里克·S. 米什金：《货币金融学》，郑艳文、荆国勇等译，中国人民大学出版社，2011。

[12]〔美〕戈登·塔洛克：《论投票——一个公共选择的分析》，李政军、杨蕾译，西南财经大学出版社，2007。

[13]〔美〕哈尔·R. 范里安：《微观经济学：现代观点》，费方域等译，上海人民出版社，2006。

[14]〔美〕哈维·S. 罗森：《财政学》，马欣仁、陈茜译，中国财政经济出版社，1992。

[15]〔美〕肯尼斯·阿罗：《社会选择与个人价值》，丁建峰译，上海人民出版社，2010。

[16]〔美〕鲁迪格·多恩布什、斯坦利·费希尔、理查德·斯塔兹：《宏观经济学》（第十版），王志伟译，中国人民大学出版社，2010。

[17]〔美〕罗伯特·诺奇克：《无政府、国家和乌托邦》，姚大志译，中国社会科学出版社，2008。

[18]〔美〕罗默：《高级宏观经济学》，王培根译，上海财经大学出版社，2009。

[19]〔美〕罗纳德·科斯：《生产的制度结构》，《经济社会体制比较》1992 年第 3 期。

[20]〔美〕曼昆：《经济学原理》，梁小民、梁砾译，北京大学出版社，2009。

[21]〔美〕曼瑟尔·奥尔森：《集体行动的逻辑》，陈郁译，格致出版社，1995。

[22]〔美〕尼斯·缪勒：《公共选择》，王诚译，中国社会科学出版社，1992。

[23]〔美〕塔洛克：《关税、垄断和盗窃的福利成本》，李政军译，《经济社会体制比较》2001 年第 1 期。

[24]〔美〕汤姆·拉思、吉姆·哈特：《你的幸福可以测量》，王权、钟颂飞、王正林译，中国青年出版社，2010。

[25]〔美〕威廉·J. 鲍莫尔：《经济原理与政策》，方齐云、姚遂译，北京大学出版社，2006。

[26]〔美〕威廉·J. 鲍莫尔、华莱士·E. 奥茨：《环境经济理论与政策设计》，严旭阳编，经济科学出版社，2003。

[27]〔美〕希克斯：《价值与资本》，薛蕃康译，商务印书馆，2010。

[28]〔美〕约翰·罗尔斯：《正义论》，何怀宏、何包钢、廖申白译，中国社会科学出版社，2009。

[29]〔美〕詹姆斯·M. 布坎南、理查德·E. 瓦格纳：《赤字中的民主——凯恩斯勋爵的政治遗产》，刘延安、罗光译，北京经济学院出版社，1988。

[30]〔印度〕阿马蒂亚·森：《以自由看待发展》，任赜、于真译，中国人民大学出版社，2002。

[31]〔印度〕阿马蒂亚·森：《集体选择与社会福利》，胡的的、

胡毓达译，上海科技出版社，2004。

[32]〔英〕A. C. 庇古：《福利经济学》，朱泱、张胜纪、吴良健译，商务印书馆，2006。

[33]〔英〕弗里德里希·冯·哈耶克：《哈耶克文选》，冯克利译，江苏人民出版社，1997。

[34]〔英〕弗里德里希·冯·哈耶克：《通往奴役之路》，王明毅译，中国社会科学出版社，1997。

[35]〔英〕哈耶克：《个人主义与经济秩序》，邓正来译，生活·读书·新知三联书店，2003。

[36]〔英〕杰弗里·托马斯：《政治哲学导论》，顾肃译，中国人民大学出版社，2006。

[37]〔英〕李特尔：《福利经济学评述》，陈彪如译，商务印书馆，1980。

[38]〔英〕罗宾斯：《经济科学的性质和意义》，朱泱译，商务印书馆，2000。

[39]〔英〕马歇尔：《经济学原理》，廉运杰译，华夏出版社，2005。

[40]〔英〕亚当·斯密：《国民财富的性质和原理》，赵东旭、丁毅译，中国社会科学出版社，2007。

[41]〔英〕亚瑟·赛斯尔·庇古：《福利经济学》，何玉长等译，上海财经大学出版社，2009。

[42] Anthony Downs：An Economic Theory of Democracy，New York：Harper，1957.

[43] D. Bös，M. Rose，and C. Seidl：Welfare and Efficiency in

Public Economics, Heidelberg: Springer-Verlag, 1984.

[44] Gary S. Becker: A Theory of Competition Among Pressure Groups for Political Influence, Quarterly Journal of Economics, No. 8, 1983.

[45] J. M. Buchanan, R. D. Tollison and G. Tullock: Toward A Theory of the Rent-Seeking Society, Texas A&M Press, 1980.

[46] James M. Buchanan, Gordon Tullock: The Calculus of Consent: Logical Foundations of Constitutional Democracy, The University of Michigan Press, 1962.

[47] Leibenstein, H: Allocative Efficiency VS: X-Inefficiency, American Economic Review, No. 3, 1966.

[48] Mishan, Ezra J: Welfare Economics: Ten Introductory Essays, New York: Random House, 1969.

[49] Raghbendra Jha: Modern Public Economics, Oxon: Routledge, 1998.

[50] 百度百科:《庇古税》, http://baike.baidu.com/view/139800.htm, 2012 年 4 月。

[51] 百度百科:《功利主义》, http://baike.baidu.com/view/588025.htm, 2012 年 4 月。

[52] 百度百科:《经济外部性》, http://baike.baidu.com/view/440513.htm, 2012 年 4 月。

[53] 百度百科:《税收》, http://baike.baidu.com/view/36890.htm#5, 2012 年 5 月。

[54] 百度百科:《幸福感指数》, http://baike.baidu.com/view/

1298996. htm，2012 年 6 月 5 日。

[55] 百度百科:《寻租性腐败》，http://baike.baidu.com/view/1683838.htm，2012 年 4 月。

[56] 百度百科:《折衷主义》，http://baike.baidu.com/view/136416.htm，2012 年 6 月。

[57] 百度文库:〔美〕安·克鲁格《寻租社会的政治经济学》，http://wenku.baidu.com/view/985aaf01b52acfc789ebc99b.html，2012 年 4 月。

[58] 百度文库:《布坎南理论》，http://wenku.baidu.com/view/f6b92bee4afe04a1b071defd.html，2012 年 4 月。

[59] 百度文库:《福利经济学：正义，公平，效率》，http://wenku.baidu.com/view/802bc67e5acfa1c7aa00cc62.html，2011 年 2 月 24 日。

[60] 百度文库:《福利经济学沿革》，http://wenku.baidu.com/view/f82f34d6195f312b3169a531.html，2012 年 4 月。

[61] 百度文库:《公共产品供给的一般均衡分析》，http://wenku.baidu.com/view/c397bed4b14e852458fb5740.html，2010 年 9 月 19 日。

[62] 百度文库:《公共经济学》，http://wenku.baidu.com/view/60f5c62cbd64783e09122b59.html，2012 年 4 月。

[63] 百度文库:《公共物品理论》，http://wenku.baidu.com/view/44e161375a8102d276a22f8e.html，2011 年 12 月。

[64] 百度文库:《公共选择理论》，http://wenku.baidu.com/view/c77b06205901020207409cbf.html，2012 年 4 月。

[65] 百度文库:《信息不对称理论》, http://baike.baidu.com/view/1302679.htm, 2012 年 4 月。

[66] 百度文库:《一般均衡与帕累托（Pareto）最优》, http://wenku.baidu.com/view/ed126145b307e87101f69631.html, 2012 年 4 月。

[67] 百度文库:《政府规制经济学》, http://wenku.baidu.com/view/204a393c0912a21614792935.html, 2012 年 4 月。

[68] 边立会、刘亚萍、朱玉苗:《美国金融产业规制变迁对我国的启示》,《中国证券期货》2011 年第 11 期。

[69] 曹国利:《信息不对称:政府规制的经济理由》,《财经研究》1998 年第 6 期。

[70] 曹绪飞:《官僚主义的产生根源、机制及其治理》,《中共浙江省委党校学报》2004 年第 3 期。

[71] 陈雪莲:《人类发展:评判社会发展进程的新分析框架——以近六十年来中国的发展为例》,《马克思主义与现实》2010 年第 1 期。

[72] 陈焱、陈建东、张燕:《我国证券业规制中存在的问题及其完善措施》,《安徽大学学报（哲学社会科学版）》2008 年第 6 期。

[73] 陈志:《罗尔斯与诺齐克正义观比较研究》,《南京理工大学学报（社会科学版）》2007 年第 4 期。

[74] 丛亚平、李长久:《收入分配四大失衡带来经济社会风险》,《经济参考报》, http://jjckb.xinhuanet.com/gnyw/2010-05/21/content_222413.htm, 2010 年 5 月 21 日。

[75] 方福前：《当代福利经济学流派》，中国人民大学出版社，2004。

[76] 方福前：《当代西方公共选择理论及其三个学派》，《教学与研究》1997年第10期。

[77] 方福前：《公共选择理论》，中国人民大学出版社，2000。

[78] 方中松：《公共管理学》，湖北经济学院网络精品课程，http://jpkc.hbue.edu.cn/xj/ggglx/kcja1.htm，2006年11月。

[79] 飞扬军事：《贫富悬殊降低中国人幸福感　学者称官僚剥夺公民尊严》，http://www.fyjs.cn/viewarticle.php?id=295468，2010年12月14日。

[80] 费孝通：《乡土中国》，江苏文艺出版社，2007。

[81] 高鸿业：《西方经济学》，中国人民大学出版社，2007。

[82] 郭伟和：《福利经济学》，经济管理出版社，2001。

[83] 郭熙保、周军：《发展经济学》，中国金融出版社，2007。

[84] 国际在线：《"幸福指数"点燃东西方变革　"不丹模式"影响全球》，http://news.163.com/11/0121/14/6QU8J05700014JB5_2.html，2011年1月21日。

[85] 和讯网：《联合国全球幸福指数榜：丹麦芬兰挪威位列三甲》，http://money.hexun.com/2012-04-06/140108633.html，2012年4月6日。

[86] 环球网：《为何中国人幸福感与财富增长不成比例》，http://opinion.huanqiu.com/picture/2010-07/938215.html，2010年7月19日。

[87] 黄恒学编《公共经济学》，北京大学出版社，2002。

[88] 黄建水、马凯：《论人民代表大会制度与西方议会制度的本质区别》，《华北水利水电学院学报（社科版）》2010 年第 1 期。

[89] 黄有光：《福祉经济学》，张清津译，东北财经大学出版社，2005。

[90] 李善杰、杨静、谢作诗：《垄断利润与寻租成本》，《河北经贸大学学报》2007 年第 4 期。

[91] 李松龄：《公平与效率的准则》，《广西经济管理干部学院学报》2002 年第 7 期。

[92] 李增刚：《对“经济学方法论”的几点思考》，《河北经贸大学学报》2004 年第 3 期。

[93] 李珍：《社会保障理论》，中国劳动保障出版社，2008。

[94] 厉以宁、吴易风、李懿：《西方福利经济学述评》，商务印书馆，1984。

[95] 厉以宁：《超越市场与超越政府——论道德力量在经济中的作用》，经济科学出版社，1999。

[96] 梁高峰、李录堂：《正外部性问题法律解浅议》，《甘肃理论学刊》2007 年第 7 期。

[97] 林克昌：《试论经济公平与社会公平》，《中国党政干部论坛》1994 年第 9 期。

[98] 林晓华：《渐进式改革视野下的政府经济性规制行为及其规制》，《发展研究》2006 年第 10 期。

[99] 陆丁：《寻租理论》，《现代经济学前沿问题（第二集）》，商务印书馆，1993。

[100] 论文工场：《威克塞尔—林达尔均衡在改进农村公共产品局部均衡上的应用》，http：//www. lunwengc. com/news_list. asp？id =6397，2011 年 5 月 28 日。

[101] 马云泽著《规制经济学》，经济管理出版社，2008。

[102] 潘理权、杨善林：《西方金融规制政策演变与我国金融规制的改革和完善》，《经济问题》2007 年第 6 期。

[103] 乔治·阿克洛夫：《“柠檬”市场：质量的不确定性和市场机制》，《经济导刊》2001 年第 6 期。

[104] 秦朔：《跨越快乐鸿沟——关于快乐的历史观察》，《南风窗》2004 年第 10 期。

[105] 人民网：《幸福指数与人均 GDP 倒挂　珠三角迎“收入—幸福”拐点》，http：//politics. people. com. cn/GB/70731/17102981. html，2012 年 2 月 14 日。

[106] 盛洪：《经济学精神》，广东经济出版社，1999。

[107] 搜狐财经：《2011 年 200 中国企业家落马　光明原董事长贪 7.9 亿》，http：//business. sohu. com/20120115/n332231228. shtml，2012 年 1 月 15 日。

[108] 搜狐新闻：《北京税收增速高于 GDP 增速　人均可支配收入偏低》，http：//news. sohu. com/20120227/n335949265. shtml，2012 年 2 月 27 日。

[109] 孙月平、刘俊、谭军：《应用福利经济学》，经济管理出版社，2004。

[110] 王洪胜：《从政党制度层面讨论应对金融危机——金融危机背景下的中西政党制度比较研究》，《管理观察》2009

年第3期。

[111] 王惠平、杨明德：《浅论政府管理中的“寻租”活动》，《中国改革》1994年第11期。

[112] 王建新：《腐败成因的制度经济学分析》，《经济研究参考》2008年第34期。

[113] 韦洪发：《金融危机背景下金融业经营模式及相关法律规制指向》，《当代经济研究》2011年第8期。

[114] 温来成：《政府经济学》，中国人事出版社，2004。

[115] 温铁军：《“三农”问题与制度变迁》，中国经济出版社，2009。

[116] 吴雨欣：《选举民主中多数裁定原则的合理性与有限性》，《理论学刊》2010年第11期。

[117] 伍世安、王万山：《混合物品的价格形成与优化分析》，《当代财经》2004年第1期。

[118] 武晟：《人类社会发展观的演变》，《理论与改革》1997年第12期。

[119] 奚恺元等著《撬动幸福》，中信出版社，2008。

[120] 谢地：《政府规制经济学》，高等教育出版社，2003。

[121] 谢作诗：《价格扭曲与配置效率：哈伯格三角形的性质与原因》，《学术月刊》2010年第9期。

[122] 新京报：《居民幸福感2011年略降》，http://epaper.bjnews.com.cn/html/2012-01/17/content_310791.htm?div=-1，2012年1月17日。

[123] 徐金驰、李果：《我国银行业规制问题的思考和探索》，

《东方企业文化》2011年第8期。

[124] 许宵云：《公共选择理论》，北京大学出版社，2006。

[125] 姚开建：《经济学说史》，中国人民大学出版社，2011。

[126] 姚明霞：《福利经济学》，经济日报出版社，2005。

[127] 姚明霞：《西方理论经济学研究》，中国人民大学博士学位论文，2001。

[128] 叶常林：《公共企业：涵义、特征和功能》，《中国行政管理》2005年第10期。

[129] 有道词典：Eudaimonia, http://dict.youdao.com/w/eudaimonia/#，2012年4月。

[130] 袁持平：《政府管制的经济分析》，人民出版社，2005。

[131] 张国庆、刘骏民：《经济虚拟化、金融危机与政府规制》，《当代财经》2009年第10期。

[132] 张进铭：《凯尔文·兰开斯特福利经济思想评介——潜在诺贝尔经济学奖得主学术贡献评介系列》，《经济学动态》2000年第9期。

[133] 张维迎：《博弈论与信息经济学》，上海三联书店，1996。

[134] 郑杭生：《社会学视野中的社会建设和社会管理》，《中国人民大学学报》2006年第2期。

[135] 郑文范：《公共经济学》，东北大学出版社，2002。

[136] 智库·百科：《外部性理论》，http://wiki.mbalib.com/wiki/%E5%A4%96%E9%83%A8%E6%80%A7，2012年4月。

[137] 智库·文档：《市场失灵以及市场微观经济干预》，ht-

tp：//doc. mbalib. com/view/b6843e4104c3fddcdc3435f48d71fce2. html，2012 年 1 月。

[138] 智库·百科：《卡尔多补偿原则》，http：//wiki. mbalib. com/wiki/% E5% 8D% A1% E5% B0% 94% E5% A4% 9A% E8% A1% A5% E5% 81% BF，2012 年 6 月。

[139] 智库·文档：《公共选择》，http：//doc. mbalib. com/view/16f9a9fc0fe61789852f1e523e167749. html，2012 年 4 月。

[140] 智库·文档：《信息严重不对称行业规则》，http：//doc. mbalib. com/view/9ee9d312c5a79bab6d84bobf30a4ca51. html，2012 年 6 月。

[141] 中国网络电视台：《OECD 发布“幸福指数”在线测试工具涉及 11 个因素》，http：//news. cntv. cn/20110525/103572. shtml，2011 年 5 月 25 日。

[142] 中新网：《联合国提出衡量社会财富新标准　望其取代 GDP》，http：//www. chinanews. com/cj/2011/11 －16/3465621. shtml，2011 年 11 月 16 日。

[143] 朱春晖：《对经济效率与经济公平的政府协调行为的伦理分析》，《郑州大学学报（哲学社会科学版）》2006 年第 3 期。

[144] 朱德米：《自由与秩序》，天津人民出版社，2004。

[145] 朱巧玲：《寻租理论：产权理论的一个扩展——兼论新产权理论的构架及其现实意义》，《中南财经政法大学学报》2006 年第 4 期。

图书在版编目(CIP)数据

福利经济学：以幸福为导向的经济学/高启杰等编著．
—北京：社会科学文献出版社，2012.9（2021.7 重印）
ISBN 978－7－5097－3580－0

Ⅰ.①福… Ⅱ.①高… Ⅲ.①福利经济学 Ⅳ.①F061.4

中国版本图书馆 CIP 数据核字（2012）第 146402 号

福利经济学
——以幸福为导向的经济学

编 著 者／高启杰 等

出 版 人／王利民
项目统筹／宋月华
责任编辑／徐逢贤　侯培岭

出　　版／社会科学文献出版社·人文分社（010）59367215
地址：北京市北三环中路甲 29 号院华龙大厦　邮编：100029
网址：www.ssap.com.cn
发　　行／市场营销中心（010）59367081　59367083
印　　装／北京虎彩文化传播有限公司

规　　格／开 本：787mm×1092mm　1/16
印 张：16.5　字 数：183 千字
版　　次／2012 年 9 月第 1 版　2021 年 7 月第 4 次印刷
书　　号／ISBN 978－7－5097－3580－0
定　　价／49.00 元